JN211906

# 近江学

Omi Studies

文化誌 近江学 | 11 | 2019

# 特集 里のいとなみ



凡例
写真クレジット表記がないものは全て
筆者撮影・提供

表紙カバー
栗原の夜明け(大津市栗原) | 写真:寿福 滋

p1 さかさ地蔵尊(大津市途中) | 写真:寿福 滋
p2 日光寺干柿(米原市日光寺) | 写真:寿福 滋

# 里は物語る

近江学研究所顧問
木村至宏

「里」という字は、一つの集合体の地域を示す言葉で表現されている場合が多い。また、辞典によれば里は、都会（都市）に対しての田舎、いわゆる在所、人里のことなどが紹介されている。

　里は全国各府県に見られ、近江に置きかえても同じである。そして、その成立過程も若干の差異は見られるが、近江の場合も概念的にそう大きく変わらない。

　しかし、近江は地形的にみれば、総面積の約61％は山地が占め、そのほかは琵琶湖と平野部が位置している。その事象から近江の歴史文化の構成要素をみると、すでに述べているが、近江は湖の国、山の国、道の国であると筆者なりに表現してきた。この三大構築要素によって、近江の豊かな歴史文化が醸成され、その後の人々の営みに大きな影響を与えてきたことは記すまでもない。

　また、視点を変えれば、山地から源流、湧水などが集まり小川となり、すべてが里山を経て琵琶湖に注ぐ。たとえば、おもな河川（一級河川）をあげれば野洲川・安曇《あど》川・日野川・愛知《えち》川・犬上《いぬかみ》川・天野《あまの》川・姉川などが大小の扇状地をつくっている。

　近江の場合、その河川およびその支流が各地域の境界線の役割を果たしている場合が多い。ちなみに、江戸時代後期の『近江国郷帳』によれば、村数は1513カ村の諸村に細分化されていた。

　各村落が細分化されているために、住民たちは自らの村落を自らが育て守るという自治精神が強かった。いわば村落の精神的結合が固く存在していたといえよう。その一つの例として各村落での山論・水論などの境界をめぐる争論も数多く発生していた。それらが自治意識によって村の営みを守る「絆《きずな》」を醸成していたとも考えられる。

　具体的な例として、各地の祭礼・民俗行事・年中行事・講などの人々の営みが数多く存在していたことからもうかがうことができる。その意味からいえば近江は民俗行事の宝庫であるといっても過言ではない。

　それはともかく、この号では今森光彦氏の里の原点ともいうべき「里という自然」、「里の仏像結縁《けちえん》する人びと」を伊東史朗氏、伊吹山麓甲津原《こうづはら》について高橋順《の》之《ゆき》氏、古歌が地域を結ぶ事例を西本梛《なぎ》枝《え》氏、田上《たなかみ》郷土史料館の里について須藤護氏をはじめ多くの研究者から貴重な里の諸相について紹介していただいた。

写真：寿福滋

# 里という自然

今森光彦｜写真家

私がよく通う伊香立は、美しい里地

秋になると田んぼに戻ってくるアキアカネ

里に多く見られるサトキマダラヒカゲ

## 人の気配

写真家という仕事あるいは日常の生活でいつも“人と自然の共存”にこだわってきた。こだわりの原点は、生まれ育った環境にあるのだと思う。私が子供の頃、大津の中心にひしめく家々は、どれも京都の影響を受けて町家造りだった。自宅から浜大津界隈《かいわい》に歩きだすと、魚屋、漬物屋、呉服屋などがつづく商店街にぶつかった。通りには垂直に交差するいくつもの細い道があり、夕刻になると明かりの灯った2階から三味線の音が響いていたものだ。

一方、小京都を彷彿《ほうふつ》させる華やかな町並みの方角とは正反対に歩きだすと、神社があり田んぼがあり湖があった。さらに遠征して田んぼの向こうにある山裾《やますそ》まで行くと雑木林がひろがっていた。今となっては、すごく恵まれたところに住んでいたものだと懐かしむだけだが、この小さな箱庭が私の自然観を培ってくれた場所なのだ。

なので、私は、クマの出没するような荘厳な森がイメージできない。人を拒む原生の自然としてブナの森がよく引き合いに出されるが、この“人を拒む”という言葉が引っかかって頭の中に映像が浮かんでこない。

以前、ニッポンの里山というテーマで秋田県の鳥海山《ちょうかいさん》のブナの森を取材したことがあった。このときも、巨木が林立する凛《りん》としたブナの森のなかで、ひたすら人の気配を探っていた。樹齢数百年もあるゴツゴツした幹のブナが愛嬌《あいきょう》たっぷりの“あがりこ”という名前で呼ばれていて興味をいだき、それが、かつて炭をつくるために定期的に伐採されていたことを聞き、一気に緊張感がほぐれた。森を歩き回って実際に炭焼き小屋の跡を発見したときには、感動で涙がこみ上げてきた。

私の場合の自然とは、とにかく人の気配がキーワードになっているようだ。近年、里山と並んで里地という言葉が使われることがある。人の気配は、里地にぴったりとあてはまるような気がする。

田んぼに棲《す》むアマガエル

平野の雑木林でみられるクヌギ

## 里の生き物

里地の里というのは、生物の世界から見ても重要な意味を持っているように思う。例えば生物の名前にもこんなものがある。キマダラヒカゲというジャノメチョウ科の蝶がいるが、この蝶は、1種類ではなく山地性と平地性の2種類いることがわかった。翅《はね》の模様は素人にはわからないほどそっくりで区別は難しいのだが、確実に別種なのだ。山地性のものをヤマキマダラヒカゲ、平地性のものをサトキマダラヒカゲと名付けられた。実際に私がよく活動する仰木《おおぎ》や伊香立《いかだち》あたりの堅田丘陵には、サトキマダラヒカゲがみられる。里と山は、生物たちがちゃんと使い分けをしていて私は、彼らに教わることが多い。

もっと身近な生物で言うと、アキアカネもそうだろう。アキアカネは、山と里を行き来するので旅をするトンボとして知られるが、秋に赤く色づいて下山し、交尾をして産卵をする場所は、田んぼだ。田んぼに産み落とされた卵は、冬を越し、翌春、田んぼの水入れを待って孵化《ふか》し、早苗の成長とともにヤゴの姿で大きくなり初夏にトンボとなって誕生する。

田んぼの住人といえば、アマガエルも代表格だ。アマガエルは、夏から冬にかけては雑木林周辺に移動するが、大合唱をするのもオタマジャクシが育つのもやはり田んぼなのである。

植物を例にとると数えきれないが、ひとつ掲げるのならクヌギという樹木がいいかも知れない。クヌギは、典型的な平野の住人で山地になると姿を消す。同じく雑木林を形成する樹木にコナラがあるが、それよりも里地を好む。クヌギは、もともと日本にあったものではなく、稲作文化とともに大陸からもたらされたものだと言われるが、この植物が里へのこだわりをみせている原因がわかるような気がする。

里地と山地の境界は、地域によってもちろん変わるが、滋賀県南部地方の場合は、標高300–400mあたりではないかと思っている。このことを教えてくれるのは、今例をあげた環境をより好みする生物たちなのである。

私は、このように人の暮らしと関わりながら生きている生物たちを“里の生き物”と呼ぶようにしている。里の生き物は、子供の頃にもっとも身近な存在だったけれど、残念なことに現在は、ほとんど見られないという種類が多い。中には、絶滅危惧《きぐ》種に指定されてしまったものもいる。

里は、多様性に満ちている。それらを維持するには、先ずは、私たちの暮らしが守られねばならないだろう。人と自然の共存を担う言葉、それが里なのだと思う。

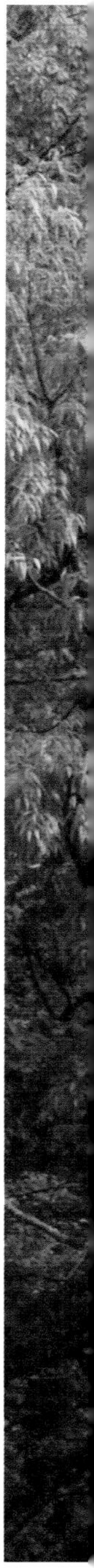

# 里の仏像、結縁する人びと

和歌山県立博物館館長
伊東史朗

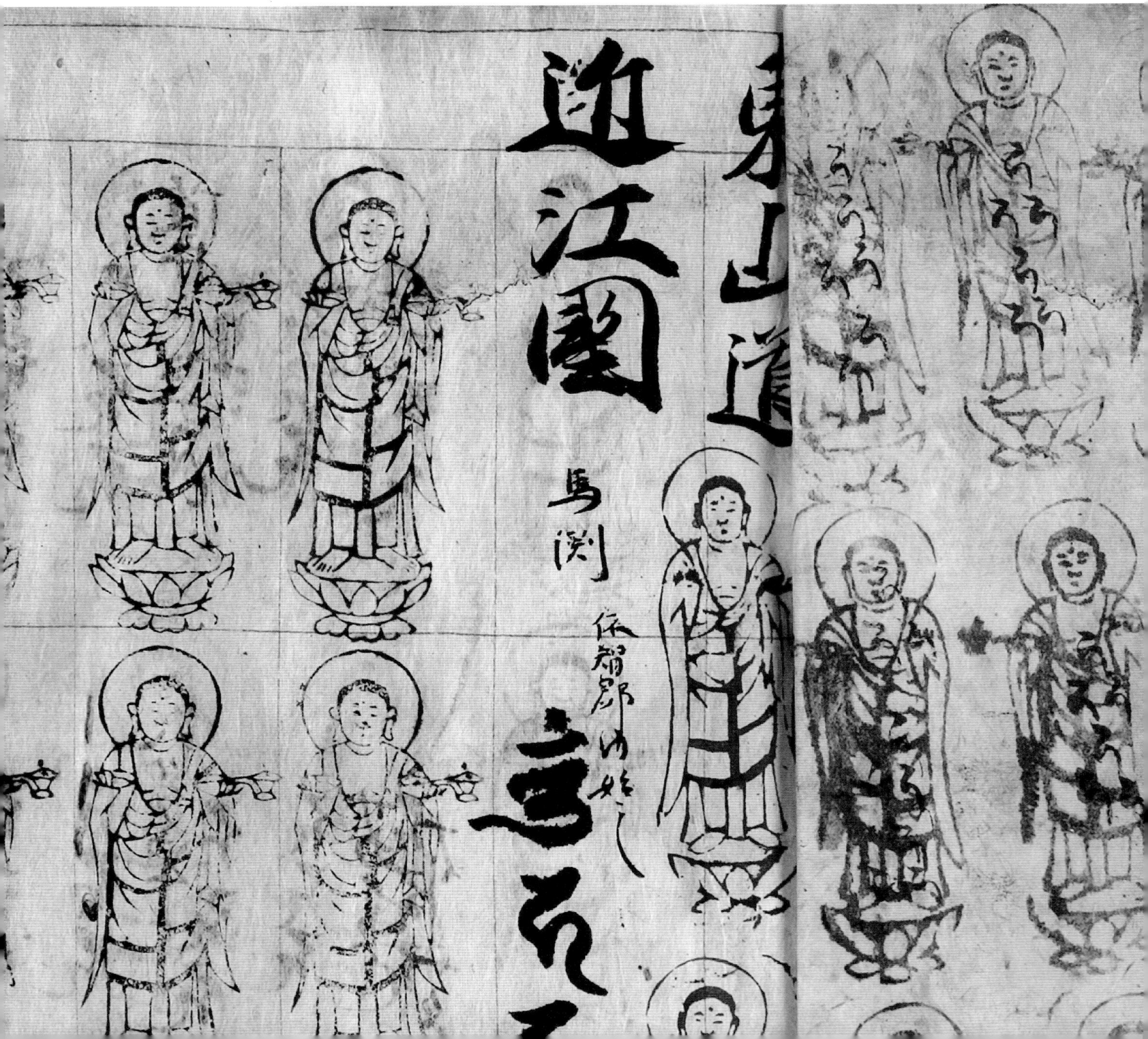


西光寺地蔵菩薩像 像内納入印仏 部分
写真：山崎兼慈

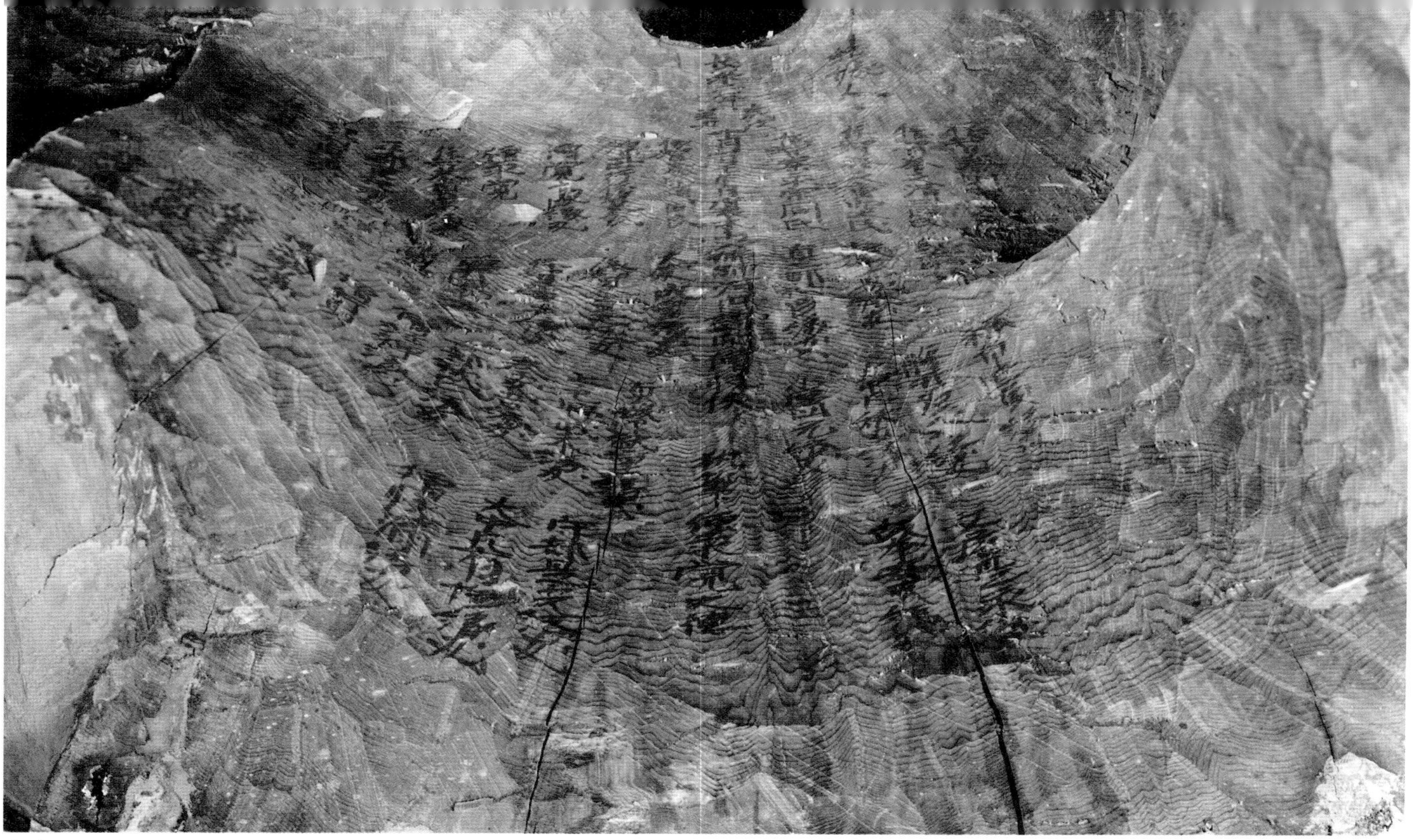

善明寺阿弥陀如来像 像内銘記（写真：寿福 滋、滋賀県教育委員会提供）

## 里の仏像と銘文

平安時代後期に多くなることだが、地方の仏像ではしばしばその像内に銘が記されるようになる。記された内容から具体的な造仏背景を知りうる例は、山の仏像・里の仏像に少なくなく、しかもどちらかといえば山よりも里村に多く、一方、都の諸大寺にはまずない。従前なかった仏像造立の新しい流れが地方において現出しつつあった。

滋賀県内で、像内に納入品や銘のある平安時代の仏像を次に年代順に挙げる。善水寺、若王寺《じゃくおうじ》、金胎寺《こんたいじ》は高山とはいえないが山中の寺で、そのほかは平地ないし山すそである。

正暦四年（九九三）湖南市・善水寺薬師如来像
長元二年–長暦二年（一〇二九–三八）守山市・真光寺聖観音像
延久六年（一〇七四）高島市・称念寺薬師如来像
承暦四年（一〇八〇）大津市・若王寺大日如来像
長承二年（一一三三）東近江市・善明寺阿弥陀如来像
永治二年（一一四二）栗東市・金胎寺阿弥陀三尊および四天王像
嘉応二年（一一七〇）近江八幡市・福寿寺千手観音像
承安二年（一一七二）高島市・正伝寺《しょうでんじ》薬師如来像

一般論として、造仏に際して関係者の諸役と信仰的対応を押さえておこう。まずどうしても必要なのは、仏像をつくろうと願う「願主《がんしゅ》」であり、つづいて資材や資金を供給して造仏を支える「施主《せしゅ》（檀越《だんおつ》）」、実際に製作する「仏師《ぶっし》」が主要なところである。これだけ役がそろえば充分と思われようが、造仏事業の周囲には、完成の前から「結《けち》縁《えん》」を願う信仰者たちが集まってくる。結縁とは仏法に縁を結ぶことなので、彼らは造仏には直接に関与しないのが本来だが、強い弱いの差はあれ、造仏を実現に導くソフトな推進役としても作動し始める。そういう状態の一般化するのが中世であるが、より早い平安時代後期にそれの見られる主要な地域のひとつが近江であった。

願主、施主、仏師らも自らの役を引き受けたその心底には、仏像（仏法）に結縁しようという気持ちのあったことはいうまでもない。すなわち結縁とは、役割や任務ではなく、それを機に成仏につなげる因縁、あるいはそれへの密かな期待といい変えてもよいだろう。そして結縁する人びとは、ただ願うだけでなく、その願いを形として残すため、ついに自らの名を仏像内や納入品の一部に書き入れ始める。

近江という限られた地域ではあるが、以後全国的になるそういった傾向が、ここでは早くから見られる。

善水寺薬師如来像 像内納入籾｜写真:寿福 滋

善水寺薬師如来像｜写真:寿福 滋

真光寺像と若王寺像は銘に結縁者が記されないので措いて、そのほかの像につき「結縁」をキーワードに読み解いていこう。現代語の名字《みょうじ》にあたることばを「姓」と呼ぶことにする。

## 結縁する人びと

善水寺像は、像内に籾《もみ》を入れた麻袋があり、五穀のひとつを仏像に納める早い例として知られている。そのほかにも紙片が納入され、その最初に「奉造願主」とあり、つづいて記される十数人の名は、銘記のとおり願主であるとともに結縁者でもあった。

仏像の像内に、その像に結縁した証しとして自らの名を記すことは、貞観《じょうがん》四年（八六二）の岩手・黒石寺薬師如来像が古い例で、それから一世紀以上間があくが、京都・清凉寺釈迦如来像の像内に、宋の雍熙《ようき》二年（九八五）捨物や捨銭をした人名を記す文書が納入されており、それを受けてその頃からも、わが国でも造仏結縁の機運が高まったようである。正暦《しょうりゃく》四年（九九三）の善水寺像、長保《ちょうほう》元年（九九九）の兵庫・弥勒《みろく》寺弥勒三尊像、寛弘《かんこう》二年（一〇〇五）頃の兵庫・円教寺阿弥陀如来像、同九年の京都・広隆寺千手観音像などに記される複数の人名は、いずれも結縁者と見られる。

以後もそのような銘がつづき、当初は僧名が多かったが、次第に俗人の増える傾向にある。善水寺像の銘中に「大伴《おおとも》」「物部《もののべ》」姓があり、称念寺像では、「手画僧（絵仏師か）」「仏師」とともに記される「結縁人々」十数人は、僧名がほとんどだが、中に「大《おお》中臣《なかとみ》」「漢人《あやひと》」などの姓が入っている。

全国的な傾向だが、それに次ぐ時期十二世紀はにわかに結縁者が増え、とりわけ俗人が一挙に多くなる。「執筆」の役のいるところでは、結縁者名は計画的に整然と配されるようになる。

善明寺像では、「仏師」「執筆」につづき、「結縁人々」が四十四人もいる。内訳は僧が九人、俗人が三十五人。実に多くの俗人であるが、そのほとんどが地域住民であることは、湖東地方に移り住んだ渡来人秦《はた》氏の子孫「依智秦《えちはた》」姓の者とそこからの別れが圧倒的に多いことから推定できる。「依智秦」からの別れとは庶氏の別姓、いわゆる分家のことで、たとえば筆頭の「依智秦則重大友氏」は「依智秦」から別れた「大友氏」である。

「依智秦」とその分家以外では、「紀」「□(神か)市」「坂本」「藤井」「文屋」

善明寺釈迦如来像｜写真:寿福 滋

福寿寺外観｜写真：加納俊輔

「大中臣」「真上《まか》（髪）部《べ》」「小原」「大友」「綿」「上毛野」「守部」「秦」「安部」「清原」「平群」姓がある。

銘の末尾に「右結縁人々、各、現世安穏、後世菩提《ぼだい》の為、造立し奉るところ件の如し」と願意を述べて締めくくる。願主という肩書の者のいない以上、「結縁人々」がすなわち願主でもあったと読める。意を同じくして発《ほっ》願《がん》し結縁した地域住民を、お互い平等になるよう整然と列記したのである。

さらに、そこまでかかわるのなら、発願・結縁した人たちは造仏にかかる資材・資金をも分担したかと推測される。そうなら施主としての役も加わることになり、在地の集団的な願主＝結縁者＝施主という新しい造仏形態が生まれつつあった。

金胎寺阿弥陀如来像の銘も、最初に「造立供養し奉る、結縁道俗男女等」とあり、道俗（僧侶と俗人）男女は、造立供養者であり同時に結縁者でもあった。三十八人が記され、内訳は僧が十三人、俗人が二十五人なので、割合は善明寺像ほどではないが俗人が多い。地域住民が協力し合ったのであろう。俗人は、「藤原」「三国」「豊原」「笠」「物部」「紀」「月本」「清原」「平」「佐々木」「上毛野」「多治」「三春」「秦」「吉身」「犬飼」「中原」姓がおり、姓による数の片寄りはない。

ここでも末尾に「右の志は、結縁の輩の奉加助成の類併びに現当二世の大願円満成就の為なり」という願意を載せるので、「結縁の輩」＝願主でもあった。

なお同寺の四天王像の銘は、「造立供養し奉る」のは僧二人と「物部氏」一人で、「往生極楽の為なり」という願意を述べる。

福寿寺像には像内に和鏡一面、印仏《いんぶつ》三十三枚、籾三合が納められ、内刳《うちぐ》り面に千手観音陀羅尼《だらに》が記されるが、銘で重要なのは、「白衣弟子《びゃくえでし》（俗人の仏教信者）」と「舎弟《しゃてい》等（弟分）」で始まる結縁者たちの名である。「仏師僧」と僧二人を除くと、俗人結縁者はすべて「中原」姓で、「白衣弟子」と呼ばれる七人、「舎弟等」と呼ばれる二人に分かれ、さらにそれぞれの下に「善縁」として別姓の者とその子息たちがつづく。別姓は「秋名」「山」「櫟井《いちい》」「源」「紀」「秦」で、姓による数の片寄りはない。

末尾に「右の志造立は、現在長生し寿算を保ち、慈氏《じし》（弥勒）出世を期し、法界衆生平等利益の為、供養すること右の如し」とあり、造立の願意を述べている。

正伝寺像は、願主と見られる者と「大仏師」のほかに、結縁

福寿寺千手観音像 納入品（和鏡と印仏）｜写真：寿福 滋

福寿寺千手観音像｜写真：寿福 滋

者三十七人を列記する。その内訳は僧一人、俗人三十六人、うち俗人は「是宗」「紀」「土師《はじ》」「大伴」「藤原」「源」「佐太」「菅原」「長夜」「ハセ」姓で、姓による数の片寄りはないようだ。

## 縁友、善縁

結縁者名のあと「縁友」「善縁」のつくのが善明寺像と福寿寺像の銘である。善明寺像の銘では「紀安時縁友」などと、「縁友」で区切るのが三十三例あり、福寿寺像では「中原俊真善縁山氏所生中原牛丸…」などと、「善縁」のあと別姓の者がつづき、さらにその子孫と見られる者の書かれるのが八例ある。

これは一体何だろうか。善明寺像銘とまったく同じ記し方が、嘉応三年（一一七一）愛知・林光寺薬師如来像の銘にもあり、両者を合わせると、俗人結縁者名の記し方に三種類あることが分かる。善明寺像でいえば、①「依智秦氏」のように姓だけのもの（一例）、②「依智秦則重大友氏」のように姓名＋別姓、③「紀安時縁友」のように姓名＋「縁友」である。林光寺像では特定の姓に片寄っていないが、①は姓（一例）または姓名（二例）で、②③は右と同じ原則である（姓名のあとの「々々」を「縁友」と読んで）。

以上から考えて、①は主な願主、②の別姓は前述のように分家、③は結縁者に縁ある者を「縁友」と呼んだものと解せられる。

大治五年（一一三〇）京都・泉《せん》屋《おく》博《はく》古《こ》館《かん》阿弥陀如来像の銘に、結縁者（男性）のあとに記される「結女」も③に似た用法で、記された者が女性であることをいうのだろう。

ところが「善縁」はほかに用例がない。福寿寺像の銘だけでいえば、縁ある人をそう呼んで姓または姓名を書き、そのあとに「所生誰々」としてその子息たちを書く。子息たちの中には童名があり、「今赤子女」まで記すので、結縁を子や孫・曽孫にまで及ぼす意図と思われる。

善明寺像の依智秦氏、福寿寺像の中原氏がそれぞれ造仏に当たり、結縁の輪を分家や親しい人びと、あるいは子孫にまで広げていることが分かる。いずれも「結縁」という考え方が有効に生かされているのである。

## 勧進にともなう結縁

古代では諸大寺の仏像造立に当たり、当該寺院が施主になり、あるいは貴顕がそれに代わるのが一般的だったが、平安時代後期から、資金を広くつのる「勧《かん》進《じん》」という方式が採られ始める。勧進とは、橋や道路などインフラ整備だけでなく、社寺など宗教施設やその備品の造立のため、貴賤の別なく多くの人びとに浄財をつのることをいう。いずれも仏縁のためなので、浄財を差し出す側にとっても、結縁する絶好の機会だったに違いない。

本年（平成三十年）愛知・西光寺地蔵菩薩像が重要文化財に指定された。もと京都の一条堀川を下るあたり、堀川に注ぐ小川の堰《せき》にこれがあったので「水落《みずおち》地蔵」と親しまれていたが、明治に故あって愛知県に移された。その像内におびただしい数の印《いん》仏《ぶつ》が納入されており、この像が全国規模の勧進により造立されたことが知られたのである。

半紙または全紙の表に印仏を捺《お》し、裏に結縁者名と六地蔵梵《ぼん》字《じ》真言《しんごん》を記し、冊子装または附《ふ》箋《せん》一カ所綴《と》じにまとめている。本像造立のための結縁勧進に使われたものであり、その実態をありのまま伝える貴重な記録である。全国をまわる計画だったらしいが、実際は、五畿内・東国および紀伊を周到な準備をして実施しているのに対し、西国では行かない地域もあった。五畿内・東国および紀伊分は

西光寺地蔵菩薩像｜写真：山崎兼慈

右
西光寺地蔵菩薩像 像内納入印仏
写真:山崎兼慈
左
西光寺地蔵菩薩像 像内納入結縁者名(裏)
写真:山崎兼慈

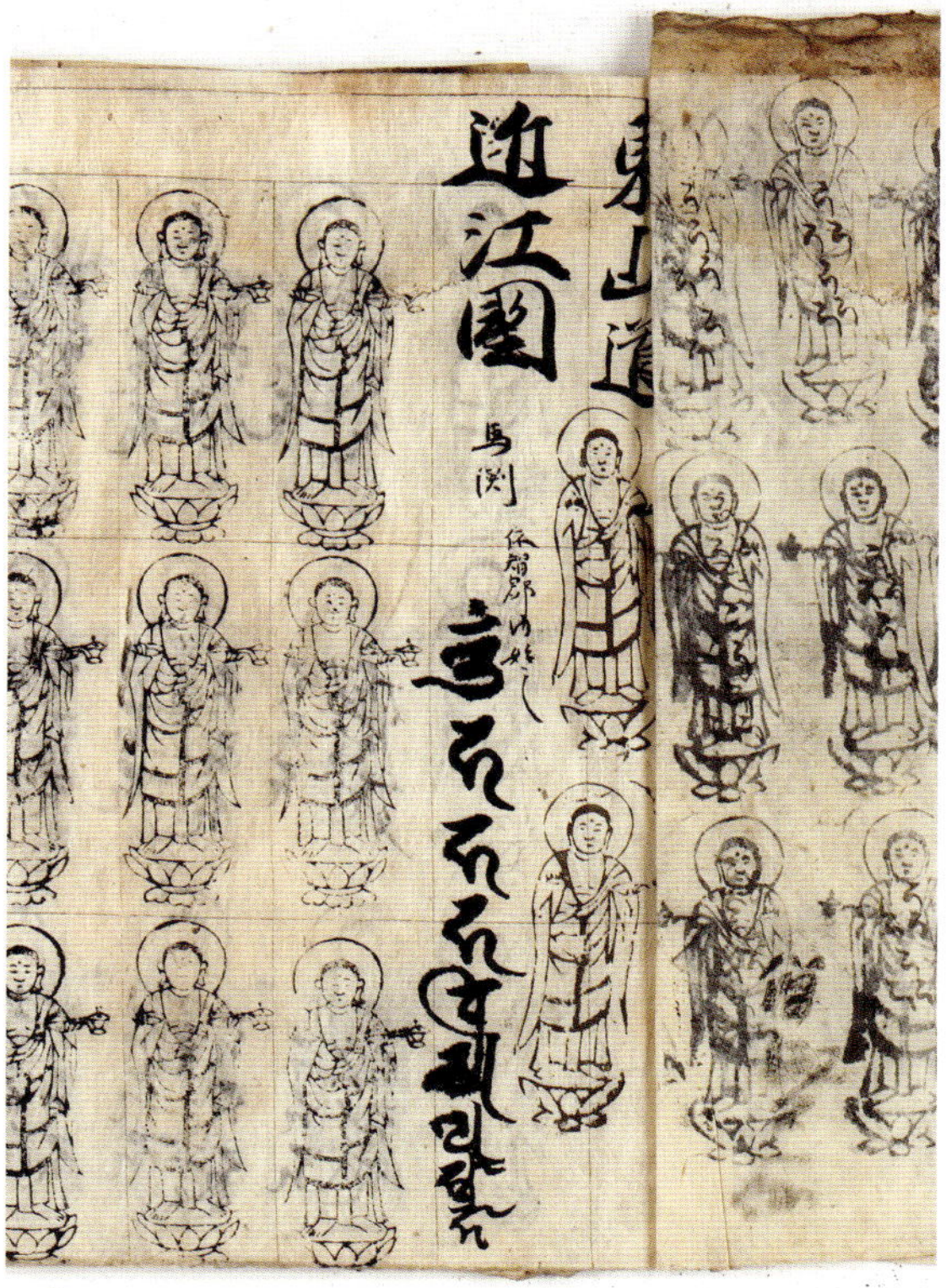

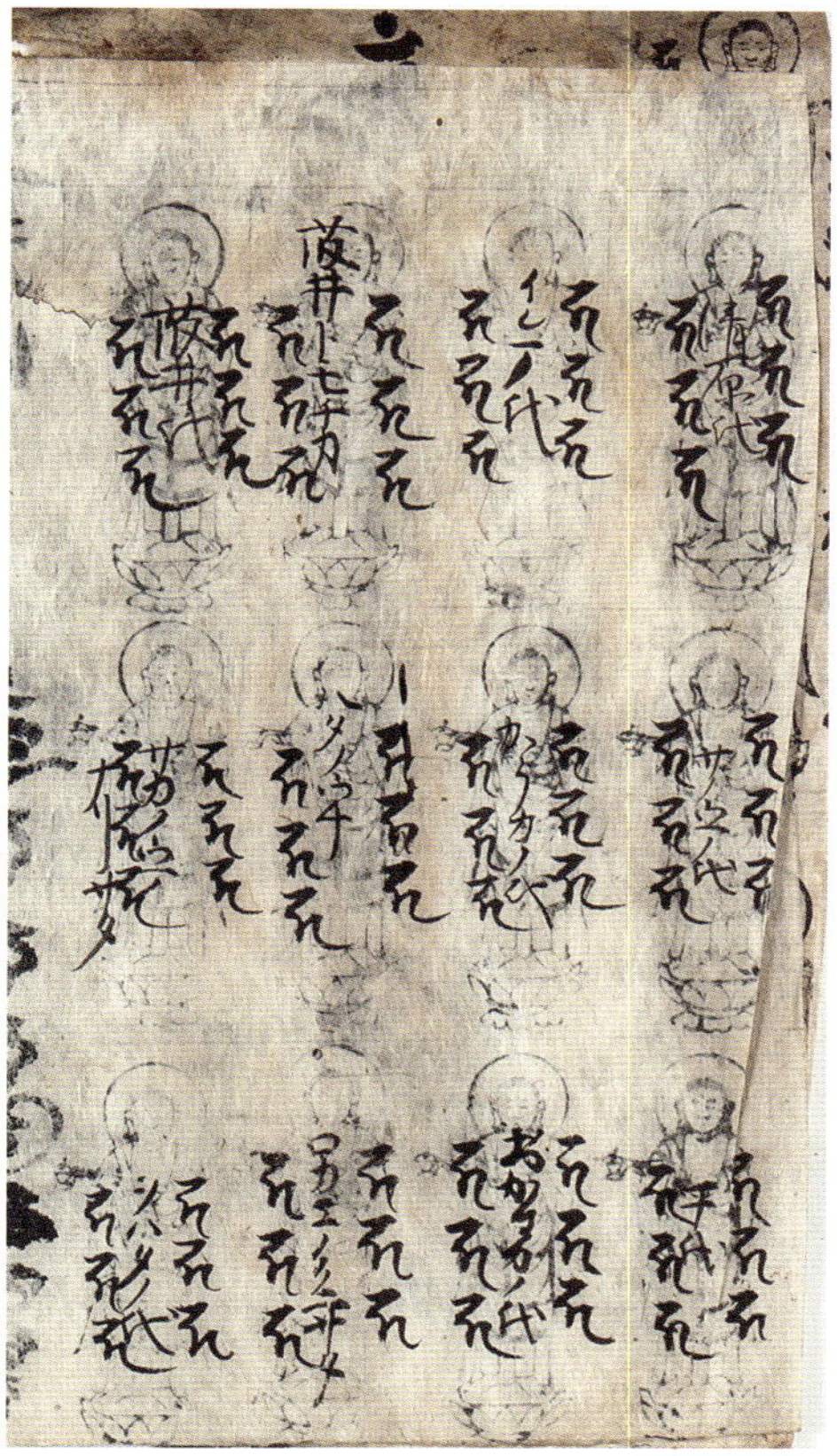

文治三年（一一八七）二月から始められ、同年中にまわり終えたようだ。まず通ったのは東山道《とうさんどう》で、最初の勧進興行は近江においてであった。おびただしい印仏の間にいくつかのメモ書きがあり、近江では「馬渕　依智郡《えち》内始之」と書かれる。依智郡とは現在の愛知郡《えち》のことで、善明寺像の銘にあった依智秦氏の本《ほん》貫地《がんち》である。馬渕は同郡内の地名、現在の近江八幡市馬渕町がそれに当たる。ここが福寿寺のまさに現所在地であることにも注意が要る。

先に挙げた銘の結縁者と同姓の者が、印仏の結縁者の中にもいる。善明寺像と同姓の者は「エチハタノ氏／エチハタノ友恒」「清原氏」「藤井氏」「大友則吉」「大中臣氏」「紀氏」、福寿寺像では「中原氏」「紀氏」「秦氏」である。善明寺像・福寿寺像それぞれの結縁者の中心であった依智秦（エチハタノ）氏、中原氏がともにいるのは、いずれも同じ依智郡（愛知郡）内の有力者だから当然といえば当然である。

＊

以上述べたように、里村の地域住民が、造仏の願主、結縁者、あるいは施主ともなる新しい集団的造仏体制が、平安時代後期に確立されつつあったことが知られるのである。

**参考文献**

拙稿「近江の仏像・神像」（『神仏います近江』特別展覧会カタログ、MIHO MUSEUM、平成二十三年）
拙稿「愛知・西光寺地蔵菩薩像（水落地蔵）の新知見」（『仏教芸術』三四二、平成二十七年）

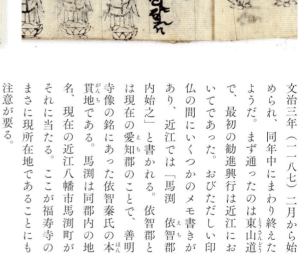

# 江濃を結ぶ里
## ―奥伊吹・甲津原―

米原市歴史文化財保護課主幹
髙橋順之

能面「三番叟」（甲津原、写真：MIHO MUSEUM、米原市教育委員会提供）

## 東草野の山村景観

姉川最上流の東草野地域（甲《こう》津《づ》原《はら》・曲谷《まがたに》・甲賀《こうか》・吉槻《よしつき》）が、平成26年（2014）、国の重要文化的景観に選定された。西日本屈指の豪雪地で、地域を越えた峠の交流により育まれた、独特の住まい・生業・水利用が作り出した山村の景観をのこしていることが評価された。

東草野は旧村名である。姉川谷筋の南北の交通と、東西に開かれた複数の峠道が展開して、この四通八達した交流が地域の文化の形成に大きな役割を果たしてきた。北は日本海側（越前）に通じ、南は中山道を経由して上方《かみがた》と東海に接続する。

耕地の少ない山村の生業《なりわい》は多様である。曲谷では、南北朝時代ごろに信州木曽から石材加工の技術が伝えられ、近世から近代にかけて盛んに石臼《いしうす》作りがおこなわれた。製品は湖北一円から西美濃地方にまで流通している。甲賀では集落背後にまで炭《すみ》窯《がま》が営まれ、七曲峠《ななまがりとうげ》を下りた鍛《か》冶《じ》屋《や》（地名／長浜市／旧浅井町）の野鍛冶を支えた。日露戦争後には冬場の仕事として竹刀《しない》作りが始まり、京都や安曇川から竹材を仕入れ、仕上げた竹刀を名古屋の問屋に納めた。峠を介した広範囲の物流がおこなわれていたことがわかる。

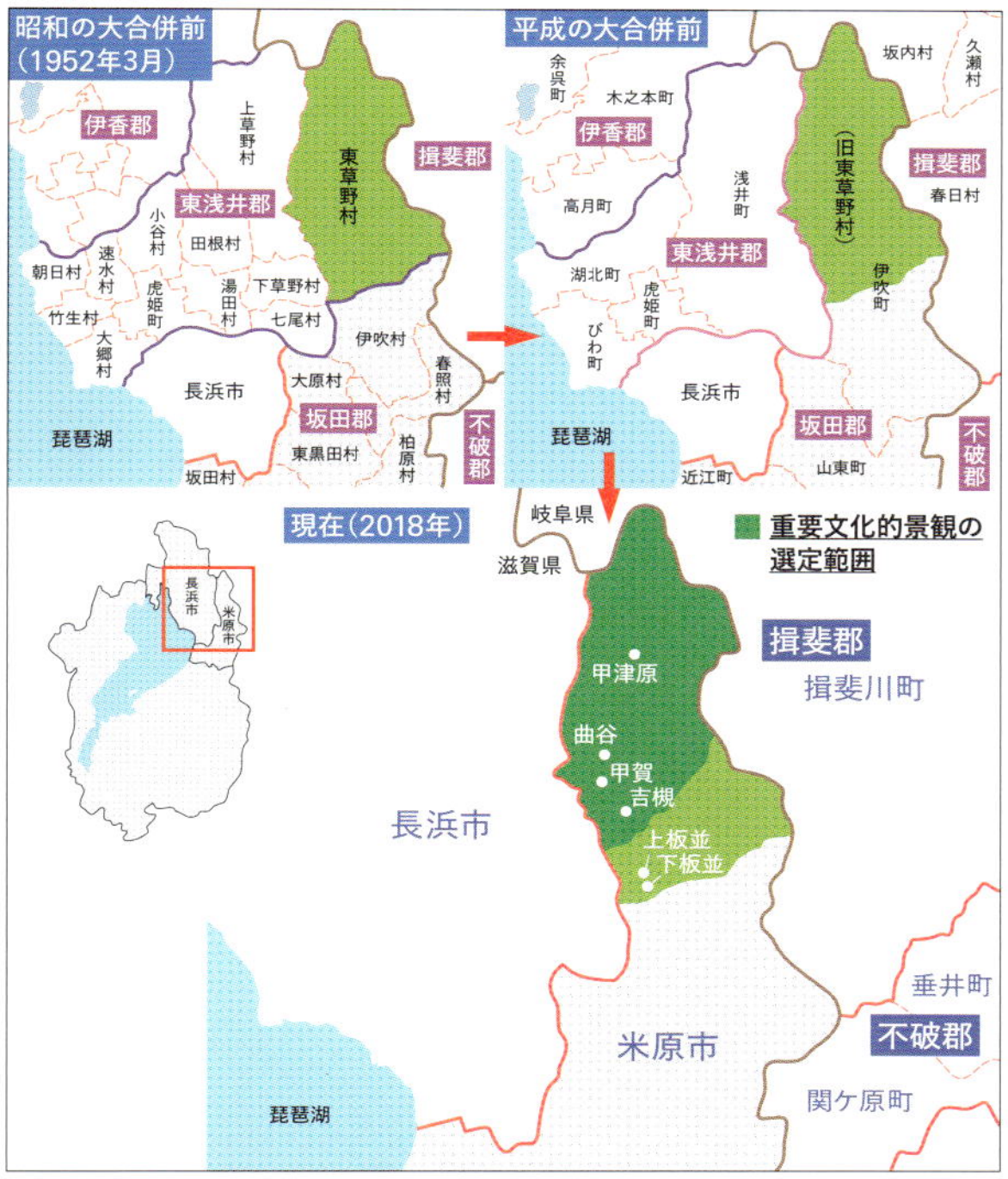

東草野地域変遷図

冬の甲津原（写真：寿福 滋、米原市教育委員会提供）

甲津原集落（写真：寿福滋、米原市教育委員会提供）

甲津原の水田（写真：寿福滋、米原市教育委員会提供）

## 放すには惜しし

標高520mの高地にあり、周囲を1000−1200mの伊吹山系の山々に囲まれた奥伊吹・甲津原は、驚くほど天が広い。

県下随一の流域面積を誇る姉川は、集落付近で手のひらを広げたように、五つの大きな谷が集まるところからはじまる。集落の前面には豊かな水田が広がり、かつては背後の向山谷《むかいやまだに》、中津又谷、瀬戸山谷の奥深くまで田畑が広がっていた。山の幸を加えて「自給自足で暮らしていけた」と里人は誇る。夏は涼しく過ごしやすい。しかし、冬は厳しく、大雪に見舞われる。

甲津原は昔から〝護《まも》るにはえらし、放《ほか》すには惜《お》しし〟と言われてきた。高地の厳しさから村を維持するのは難しいが、田んぼも山もあるので村を離れるのは惜しいと古老は言う。姉川を6km下った曲谷の人が、川を流れてきた木地碗《きじわん》を見つけて上流に人が住んでいることを知ったという昔話があるほど、独立独行の村、団結心の強い村である。

## 顕教踊と廻り仏

### 顕教踊

甲津原に伝承されている顕教《けんきょう》踊《おどり》（県指定文化財）は、紺絣《こんがすり》に赤の裾蹴出《すそけだ》し、手甲脚絆《きゃはん》に姉さんかむりで、黄色の帯を腰高に着こなした女衆を中心に、太鼓・鉦《かね》をもった男衆が混じる素朴な踊りで、遠い昔の念仏踊りを彷《ほう》彿《ふつ》させて心温まる。この踊りは、甲津原の立地と浄土真宗の歴史とに深くかかわっている。

かつて、甲津原から美濃（岐阜県）へ通じる道は三つもあった。瀬戸山谷をさかのぼり、品《しな》又《また》峠（1010m）を越えると日坂（揖斐川《いびがわ》町／旧久瀬《くぜ》村）に通じる。中津又谷に沿った道は、新穂《しんぽ》峠（918m）を越えて諸家《もろか》から広瀬（同／旧坂内村）に抜ける。姉川を渡って、向山谷に沿って北上する鳥越峠も広瀬へ通じる。このため甲津原では新穂峠や品又峠を利用した美濃山間地との徒歩による往来が、日常生活のかなりのウェイトを占めていた。同様に揖斐郡の徳山や坂内地域も、美濃平坦部よりも近江との往来が繁《はげ》しかった。このことは、大正末年から昭和初期に揖斐郡山村との通婚が多かったことからもうかがえる。

一方で、姉川下流曲谷への石

顕教踊
（写真：寿福 滋、米原市教育委員会提供）

新穂峠の地蔵
（米原市教育委員会提供）

峠越えは、昭和20年代半ばまで荷車さえ通れない山道で、自動車交通が可能になったのは昭和30年代前半のことである。筆者は文化的景観の調査で、下流の方から「わしらは北へは上がらん」と言われたことがある。甲津原以外の東草野の人々は、いまのように姉川河谷沿いに旧伊吹町の中心部へ下るのではなく、吉槻から草野川河谷の鍛冶屋に通じる七曲峠を利用して、湖北の中心地長浜との関係を保持していた（東草野が昭和31年〈1956〉まで東浅井郡に属していた大きな要因）。甲津原だけが揖斐郡山間とのつながりが深かったのである。

顕教踊はかつて五村《ごむら》別院（長浜市／旧虎姫町）近辺で踊られ、現在は甲津原と揖斐川町の諸家・日坂・尾西《おさい》（旧春日村）・横山（旧藤橋村）で伝承されている。甲津原は、姉川を下る湖北の村々と、峠を越えた美濃側との両方にひらけ、近江と美濃の文化が吹き溜まりのように入りこみ、里人によって古い文化が永く伝承される土壌があった。

顕教踊の始まりについて次のように伝えられている。元亀《げんき》元年（1570）にはじまった石山合戦の結果、石山本願寺を明け渡した顕如《けんにょ》・教如《きょうにょ》は、織田信長による追求の手をのがれて、畿内を転々とし、元亀3年浅井郡上板並（米原市／旧伊吹町）の万伝寺に避難し、さらに甲津原の行徳寺《ぎょうとくじ》に身を隠した。おりしも盂蘭盆会《うらぼんえ》の頃であり、両上人《しょうにん》をなぐさめるための盆踊りが催され、両上人の頭文字を組み合わせて顕教踊と名づけられた。

## 廻り仏

甲津原は湖北の村々と同じように浄土真宗の信仰が根強い。「おてら」は真宗大谷派行徳寺が唯一で、一集落一寺院のいわゆる「まるもんと」で、一村をあげて浄土真宗に帰依することになったのは、この顕如・教如の直接の教化によるものと伝えられている。

さらに、関ヶ原の戦いに際して徳川方に西軍の情報を伝えた教如を石田方の軍勢が追い、大垣から長浜まで逃れたという逃亡ルートに沿って教如伝承が分布している。身の危険を感じ蓑《みの》笠《がさ》の農夫の姿となった教如は、坂本（揖斐川町／旧坂内村）の伝明寺、広瀬の妙輪寺にしばらく身を寄せ、甲津原の行徳寺にたどりつく。静養のうえ吉槻法泉寺から七曲峠を岡谷（以下長浜市）へ、東主計《ひがしかずえ》で休息後、八島で石田方と交戦になり、湖北の僧俗

上　東草野の流通往来概要図
右　吉槻集落（写真：寿福 滋、米原市教育委員会提供）

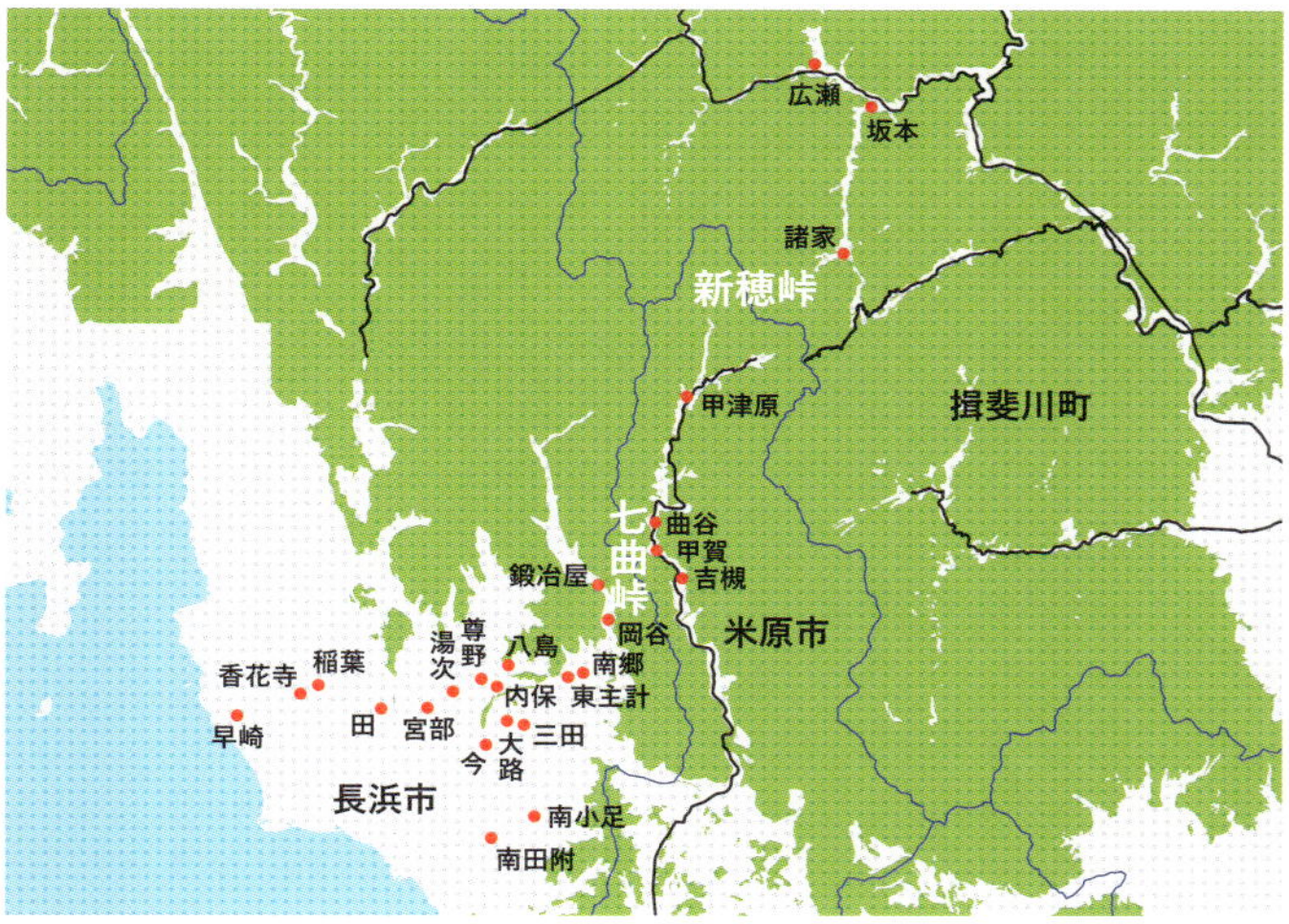

上　湯次方関係図
右　行徳寺

がこれを退けた。さらに尊野《そんの》で乱戦に巻き込まれたのち田村、香花寺《こうけいじ》を経て早崎から湖上を南下し、京に帰ることができたという。

史実はさておき、ふたつの伝承は西美濃・湖北の篤い真宗信仰と峠道を通じた両地域の日常的な交流がなければ成立しえない。

この交流が、儀礼として今日も伝えられているのが廻《まわ》り仏《ぼとけ》である。父の遺志を受け湖北三郡の復興に取り組んだありがたい御心を称えて後世に始まった廻り仏は湯次方《ゆつぎほう》（大講《おうご》）とよばれ、蓑《みの》と袈裟《けさ》、御影《ごえい》（肖像画）の掛け軸が入った厨子《ずし》が、教如の足跡に沿って内保《うちぼ》（長浜市／旧浅井町）の誓願寺を起点に、岡谷、甲津原、県境を越えて広瀬・坂本から再び吉槻というように峠を越えて行き来する。昭和30年（1955）頃までは、4月に入ると甲津原の男たちが岡谷の徳藏寺までお迎えに行き、石峠を越えて村の入口の下津ヶ原においでになるころには、村のもの全員で出迎えた。子どもたちは「ごうざった、ごうざった」と大声をはりあげ、行列の先頭に立って行徳寺まで練っていく。大人は上人の徳を偲んで順番に厨子を担ぐ。厨子は半月ほど安置され法要が営まれる。お立ちのときには里人を集めて説教がおこなわれ、新穂峠を越えてお迎えに来た坂内村の門徒に引き継がれた。

かつて峠道は、甲津原産のコウゾの皮を諸家までもっていき、紙に漉《す》いてもらう道であり、美濃側で集められた蚕の繭《まゆ》が甲津原・吉槻を経て野瀬（長浜市／旧浅井町）や鍛冶屋に運ばれた道で

広瀬集落

能面「翁」
（甲津原、写真：MIHO MUSEUM、米原市教育委員会提供）

あり、美濃の娘たちが女工として長浜や彦根の紡績工場へ通う道であり、博労《ばくろう》たちが牛をつれて細い峠道を行き交う道であった。広瀬には野鍛冶があり、雪が消えるころ斧《よき》や鉈《なた》、鍬《くわ》を担いで甲津原の男たちが峠を越え、このような日常のなかで、峠をはさんだ縁組が生まれた。しかし、車社会になって便利になったとたん付き合いは薄れた。同時に「過疎」が持ち込まれ、甲津原は行き止まりの里になってしまった。

## 能面と白山信仰

2018年3月、MIHO MUSEUMの春季特別展「猿楽と面《おもて》」において、甲津原に伝わる能面10面と鼓の胴2筒が出品された（米原市指定文化財／室町―江戸前期）。面に触れると必ず雨が降ると信じられ、元来、水の心配がなく、かえって農業に悪影響を与える大雨を忌《い》むために、固く秘蔵され門外不出として伝来してきたもので、村外に出るのははじめてのことだった。

なかでも三番叟《さんばそう》の面は「住吉さま」とよばれ、甲津原の人々にはじめて炭焼きを伝えた神様で、炭窯の作り方、火のたき具合を懇切に教えたという。戦後

甲賀の白山神社（米原市教育委員会提供）

日坂春日神社

最盛期には年間最高3万俵の出荷が記録されている第一の生業の守り神として特別な崇敬をあつめている。

峠を越えた西美濃の山間部は古面の宝庫である。品又峠の向こうの日坂春日神社には21面が伝えられている。なかには、長浜の面打（能面作家）井関家の作品があり、峠道で日坂に伝えられた。18世紀中ごろまで春日神社の神事能で使われたという。日坂から揖斐川へ下った小津《おづ》（揖斐川町／旧久瀬村）の白山神社にも25面あり、日坂に館を構えた高橋但馬守《たじまのかみ》が、天正4年（1576）に演能した記録がある。さらに峠を越えると「能郷の能・狂言」（国重要無形民俗文化財）の里（本巣市）があり、越前（福井県北部）につながる。

越前は能楽史上極めて重要な地域とされる。能楽（当時は猿楽）を専門とする芸団が盛んに活動し、優れた面打を多く輩出している。これは、天台系白山信仰の拠点寺院であり、絶大な勢力を誇った平泉寺《へいせんじ》（勝山市）などの社寺の法会《ほうえ》や祭礼を活躍の場とすることで成長したと考えられている。

甲津原の天満神社はもと白山神社とよばれた。曲谷と甲賀の氏神も白山神社である。東草野への白山信仰の定着は中世にさかのぼると考えられ、福井・石川・岐阜三県にまたがる白山に対する信仰が湖北に浸透し、木之本–伊吹–揖斐川を結ぶラインがその南端にあたる。直接入口にあたる甲津原には、面をともなう能舞がもたらされたのであろう。かつて甲津原のすべての民家は床板が縦に張られて能を舞うことができた。

## 新たな交流のはじまり

ふたたび甲津原の古老は言う、「〝入るを計らいて、出《い》ずるを制す〟の心構えがないと、ここでは生きていけんのや」。現在、東草野には、まちから移住してきた人たちが多く住まう。これは、村に入ってくる人を温かく受け入れる心情が、歴史的に受け継がれてきたからである。顕如・教如。平治の乱に敗れた源義朝・頼朝一行。石材加工を伝えた西《さい》仏坊《ぶつぼう》。本能寺の変に際して逃れてきた秀吉の母と妻。関ヶ原から落ちる三成。これが現在、甲津原交流センターでの交流や、イベント「伊吹の天窓」（1）の開催などにつながっている。

石田三成がかくまわれた石田ヶ洞（曲谷）
（米原市教育委員会提供）

註

（1）2011年から奥伊吹スキー場を会場に行われる里おこしイベント。


参考文献

「滋賀県姉川上流山村における生活圏の変化」小林健太郎『滋賀大紀要』第24号　1974年

『滋賀県選択無形民俗文化財調査報告　甲津原顕教おどり』甲津原顕教踊保存会　1981年

「連載3　山に生きる《甲津原》上・下」飯田辰彦『岳人』1993年

『米原市東草野の山村景観　保存活用事業報告書』米原市　2013年

『落人と木地師伝説の地　甲津原のまちおこし』法雲俊邑　一粒書房　2014年

『猿楽と面　大和・近江および白山の周辺から』MIHO MUSEUM　思文閣出版　2018年

額田王と大海人皇子の歌の碑（東近江市 万葉の森船岡山山頂）
写真：寿福 滋

# 古歌が繋ぐ古代と現代
## —万葉の地に遊ぶ—

文筆家
西本梛枝

竜王町の山之上集落｜写真:加納俊輔

蒲生野の一画・竜王町の平野から雪野山を見る｜写真:加納俊輔

## 想像の古跡——蒲生野

昭和16年、堀辰雄[1]は〝万葉集的な気分を漂わせたイディル風な小説〟の構想を練るつもりで奈良佐保・佐紀路を歩き、そこで見かけた農家の風情を随筆「十月」で〝ピサロ[2]の絵にでもありそうな……〟と記した。

全く唐突に、堀のこの一行が浮かんだのが竜王町を歩いているときだった。竜王町川守から山之上集落の辺りだったか……。入り組んだ細い道に沿う農家風の家屋敷。長い暮らしの営みを染み込ませた豊かな佇《たたず》まいにピサロの絵を想い、堀辰雄の感慨が重なった。

竜王町は鏡山と雪野山に挟まれた田園の町。蒲生野《がもうの》の一画といっていい地である。

一般的に「蒲生野」は雪野山の東側、箕作山《みつくりやま》や瓶割山《かめわりやま》の南側、布施山の北側を言うことが多いようだが、もっと広範囲に、西の端を、山容の美しさから歌枕にもなっている鏡山まで拡げる説もある。であれば、万葉の時代、まだ原野であっただろう広い湖東の平野全体を「蒲生野」と捉《とら》えることもできる。

その鏡山の東山裾《やますそ》。小高い地に楚々《そそ》として静座する牟禮山《むれざん》観音寺がある。ご本尊は聖徳太子28歳のときの作と伝わる十一面観世音菩薩。万葉集的イディル風な風情を漂わせる山之上集落の少し北西に位置するこの寺の庭先から眺める景色は、「万葉集」から夢想するもう一つの要素〝のびやか〟そのもの。眼下に肩寄せあう小口の集落、その向こうに続く水田。そして正面に古代のオーラを湛《たた》えて雪野山。はろばろと、なんて美しい。蒲生野の名を有名にした万葉集の中の額田王《ぬかたのおおきみ》と大海人皇子《おおあまのおうじ》の贈答の歌を偲《しの》ぶのにふさわしい風景が拡がる。

天智《てんじ》7年（668）5月5日、蒲生野で天智天皇は遊猟を催す。その折、天智の弟大海人皇子と、かつて大海人の妻で今は天智の後宮になっている額田王が歌を交わしたのだ。

蒲生野遊猟を描いた巨大レリーフ（万葉の森船岡山麓）｜
写真：寿福 滋｜原画：大野俊明

あかねさす紫野行き　標野《しめの》行き
野守《のもり》は見ずや君が袖《そで》振る

と額田が歌えば、それに応えて大海人は

紫草《むらさき》のにほへる妹《いも》を　憎くあらば
人妻故《ゆゑ》に我恋ひめやも

と返す。

歌の背景の解釈はさまざまで、現代人としては想像に遊ぶしかないが、歌そのものはなんてステキなやりとりか。ただ、1350年も昔のこと、尚かつ人の心の内までは解せないから単純に恋の歌、とは言い難いが……。

万葉の時代を歌から察するとまことに大らかだが、歌の世界とは裏腹にこの時代は血で血を洗う烈しい権力争いの時代だった。蒲生野での遊猟も、宮廷貴族たちの欲望が原野の草陰に蠢《うごめ》いていたに違いない……。が、眼前の風景はただただ美しい。「がまふの」という優しい響きが万葉の時代を大らかで純朴な世界に変えてしまう。

「蒲生野」の目印として、東近江市の船岡山《ふやおかやま》に天智天皇の遊猟をメモリーした万葉公園がある。山というより小さな丘だが、そこに大海人皇子と額田王の歌が巨石に嵌《は》め込まれてあり、麓《ふもと》に遊猟の様子を描いた陶板の大きなレリーフと小さな万葉植物園がある。大海人が詠んだ紫草も植栽されていて、うまく咲けば、初夏に白い清楚《せいそ》な花が見られるはず……。「蒲生野」と呼ばれた湖東平野。堀辰雄の万葉観を想起した山之上集落。鏡山から見晴らす広い農地。額田王のドラマティックな歌が生まれたのはまさにここ。想いを巡らすと土の下の古代がムックリと起きあがってくる。

蒲生野は想像の古跡である。

ゆったりと弧を描く朝妻の湖岸｜写真：加藤賢治

朝妻神社から見上げる伊吹山｜写真：加藤賢治

朝妻筑摩の穏やかな家並み｜写真：加藤賢治

## 万葉時代と変わらぬ山と湖の風景——朝妻

たまたま通りかかっただけなのに、そこに暮らす人たちに羨望《せんぼう》さえ覚える集落に出会うことがある。米原市朝妻筑摩《あさづまちくま》の集落もその一つ。折り目正しい佇まい。その一画にいかにも鎮守の神さまらしい朝妻神社がある。集落の品性を裏切らない明るい境内、簡素で小さな社殿。神社から北東の空を仰げば指呼《しこ》の間《かん》に伊吹山が聳《そび》え、東から南へ目を転じれば薄墨を流して描いた絵のように鈴鹿の山々が幾重にも重なる。古代人もこの風景を見ていたんだね、と思うと、それだけでワクワクしてくる。この穏やかな空間はこの辺りの人たちの特権的風景に違いない。ちょっと羨ましい。

天野川河口の朝妻湊《みなと》のあったところは神社からさほど遠くはない。旧くは息長川《おきなが》といい、《鳰鳥《にほどり》の息長川は絶えぬとも　君に語らむ言《こと》尽きめやも》の古歌も残る天野川。この辺り、古代、有力豪族であった息長氏の本拠地でもあり、大昔から要衝の地であった。朝妻筑摩はその河口にできた集落である。

湊のあった朝妻は東山道と北国街道の分岐に近く、奈良時代から江戸時代までは、人や物資の集散で賑《にぎ》わった。加えて朝妻の南に位置する筑《つく》摩江《まえ》には筑摩御厨《つくまのみくりや》もあったので、大津や坂本などの湊を目指す船が頻繁に出入りし、人々にも頻繁に語られ、朝妻や筑摩江は歌枕にもなっていた。

江戸元禄の絵師英一蝶《はなぶさいっちょう》が画題とした「朝妻船」はこの湊に由来する。一蝶は、水干、烏帽子《えぼし》の白拍子が船に坐す姿を描き、画賛に《あだし仇《あだ》浪《なみ》よせてはかへる浪　朝妻船のあさましや……》と記したため、遊女のイメージとともに朝妻船が有名になったが、本来は大津と朝妻を結ぶ船のことである。それほど朝妻は賑わったということであろう。平安時代末の歌人藤原為忠は《恋ひ恋ひて夜はあふみの朝妻に　君もなぎさといふはまことか》(『新続古今和歌集』)の歌を残す。男と女の慕いあう心が「朝妻」に託されている。

旧くは息長川とも呼ばれた天野川河口｜写真：加藤賢治

が、江戸時代になり、彦根藩が松原、米原、長浜に港を整備すると輸送の中心は新港に移り、朝妻湊の役目は終わる。現在は砂浜を見下ろす路傍で「朝妻湊趾」の碑が歴史を伝えるのみだが、岸辺を洗う寄せては返す水音がさんざめく昔の人々の声にも聞こえてくる。

「当時の船着き場は砂浜辺りにあったらしいですよ」と地元の人が教えて下さった。考古学的には湊の跡はまだ見つかっていない。が、美しく弧を描く砂浜に古代を感じていらっしゃるのだろう。きっと自慢の砂浜なのだ。

天野川の河口は、砂浜より北にあり、今は護岸整備されて釣り人たちの絶好の釣り場。釣果《ちょうか》は古代の人には未知のブラックバスだし、河口と砂浜の間は桜の木の多い緑地公園になった。しかし、目の前の悠々たる琵琶湖は変わらない。風穏やかな晴れた日は湖面に光躍り波音も嬉《うれ》しげだ。万葉時代もきっと変わらぬ風景がここにはあったに違いない。

註

（1）堀辰雄：大正時代の作家で西欧的な知性と感性の作風が特徴。信濃と大和を愛した。

（2）カミーユ・ピサロ：19世紀後半のフランス印象派画家。田園風景等、自然を描く。

# 田上郷土史料館収蔵民具からみる里の暮らし

龍谷大学里山学研究センター 研究フェロー 須藤 護

京阪石坂線の坂本駅のあたりから湖東方面を眺めると、対岸の山並みが目のなかに飛び込んでくる。平野の向こうには比較的低い山々がはっきりとみえ、とりわけ存在感を示しているのが三上山《みかみやま》（近江富士）である。低い山の背後には標高１０００ｍほどの鈴鹿の山並みがうっすらと姿を現している。その姿を確認できるのはやはり雪を頂いた厳寒期である。さらに視点を南に移すと、比較的高い建物が立ち並ぶ大津市街がみえるようになり、その背後にはやはり小高い山並みがつづいている。近江の平野は琵琶湖を中心にして、山々にかこまれていることが実感できる景観である。

大津市田上《たなかみ》地区も低い山並みを背後にひかえ、その山裾《やますそ》にいくつもの集落が立地する地帯である。低い山は人を拒むことはない。建築材・焚《た》き木や薪《まき》・種々の草類などの供給の場として、古くから利用されてきた山であった。家並みの前面には大戸《だいど》川の流れとともに比較的広い平地がひろがっていて、みごとな水田地帯を形成している。この水田地帯は滋賀県のなかでもとくにおいしい米の生産地として知られている。

## 田上郷土史料館

田上郷土史料館は昭和43年（１９６８）に上田上牧町《かみたなかみまき》に設立された。昭和30年代からすでに高度経済成長時代がはじまっていた。生業や衣食住に関わる道具の多くが大量生産・大量消費される時代になり、人びとの手足として使われてきた生産用具や手作りの民具は、機械化の浸透とともにその役割を終えていった。この現象はまたたくまに全国的規模に拡大し、日本各地で多くの民具類が捨てられた。

しかしこのことに危機感をもった人びとは少なくなかった。各地で民具の保存運動がおこり、リヤカーを曳《ひ》き、軽トラックを駆使して、民家の納屋やゴミの集積場からも民具を集める人びとが活動した。収集した民具は廃校などの空いた建物に収蔵し、日本人が長い間にわたり培ってきた生産・生活文化を守るために奔走した。当初は変人・狂人扱いされたこともあったが、次第に民具収集の意味を理解する人びとが増え、この活動に協力する地方自治体も増えていった。国の支援・協力体制つくりも素早かったように思う。

現在各市町村に存在する多くの「歴史民俗資料館」がそれで、

田上郷土史料館 内観｜写真：加納俊輔

田上郷土史料館 外観｜写真：加納俊輔

田上郷土史料館 内観｜写真:加納俊輔

この種の資料館は資料の収蔵と収蔵展示を目的としており、学芸員を置くことを義務付けていない。田上の牧地区においてもこの流れに遅れることなく、東郷正文氏（真光寺住職）・田村博氏（元国鉄職員）を中心に地域文化の理解者がおられた。昭和40年代前半から民具等の収集が始まり、その資料は地域の人びとの協力によって収集・収蔵され、郷土史料館が誕生した。現在衣食住・農耕・諸職等に使用された民具が２５００点ほど収蔵されている。

## 牧町の山と田と畑

明治13年（１８８０）発行の『滋賀県物産誌』によると、当時上田上牧村の戸数99戸、人口４５９人となっている。そのうち95戸が農家であった。田地は61町あまりで、その多くは盆地状のほぼ平坦な土地に開発されていて山田は少ない。また畑地は２町あまりなので稲作の村であったことがわかる。畑の面積は広くはないが、大麦・大豆・蚕豆《そらまめ》・菜種・実綿《じつめん》・葉煙草《はたばこ》・藍《あい》葉《ば》・お茶・蘭《らん》など多様な作物が栽培されていた。

大麦と大豆、お茶と蘭は隣村の草津へ、実綿は西京、その他の作物は大津市内に運ばれた。近くに町をひかえていたことから、貴重な収入源になっていたのである。麦類は畑ばかりでなく稲作の裏作としてつくっている。先の畑作物のうち菜種・実綿・藍葉の収穫が比較的多い。多くの農家は稲作を基幹作物にして、収入の上がる畑作物を栽培した。このほか自家用の野菜を栽培した。冬野菜も夏野菜も田んぼの一部を畑にして、夏はスイカ・サトイモ（コイモ）・キュウリ・ナスなど、冬は白菜・ネギ・大根などを作った。それでは足りないので、山田（現草津市）の大根と田上の山で採集した柴を交換して漬物の材料とした。山田は田畑は多かったが山をもたない村であった。

牧村の山地は62町あまりとなっていて、林地を合わせると帳簿上では田地とほぼ同じ広さになる。このほかに藪《やぶ》地・草生地・除税地をふくめると６５７町余りの土地が記されている。田上の山は用材になる樹木は少なかったが小柴と松が多かった。小柴は焚き木として使用した。その木はコバノミツバツツジといい、火がつきやすくよく燃えた。春になると紫色の美しい花をつけるが、田上の人びとにとっては焚き木の材料であり、山田

コバノミツバツツジ
写真：大原 歩

の大根と交換した焚き木はこれであった。また松の多い山は、秋になると足の踏み場がないほど松茸《まつたけ》が自生したという。山には生活に必要な資源が多かったのである。

## 田んぼを活用した 菜種の栽培

今日なお話を聞くことができるのは菜種の栽培、焚き木採り、松茸採りなどの話である。菜種は9月中旬に苗床をつくって種蒔《ま》きをする。11月になると30cmほどに苗が成長するので、その苗を抜いて収穫を終えた田んぼに移植する。カラスキを牛に曳《ひ》かせて水田のなかに高さ40cmほどの畝《うね》を立てる。このカラスキは長床犂《ちょうしょうすき》で、郷土史料館に8台収蔵されている。長床犂なので深く掘ることはできないが、犂を左もしくは右に傾けて土を起こし、また返すことができ、左右から土を寄せることもできる。

田の中に床を作るには犂を4周させ、床の両側を合計4回犂起すことで土を盛り上げていく。床の幅は60cmから80cmほどである。この作業は稲株を天地返して土の中に沈め、腐食させることにより肥料として活用するとともに、土の中にいる虫を太陽にさらして死滅させる効果がある。また冬期間に水田を掘り返すことで、土の中にとどまっている虫も死んでしまう。冬が寒いほど虫が少なくなるので豊作が期待できるという。菜種や麦の収穫が終わると、高く盛り上げた畝を崩して水田にしていくが、この時もカラスキを使用した。

このようにして田んぼの中に幅の広い床をつくり菜種の苗を移植するのであるが、この時使用するのがホッセである。スコップの柄を途中で切ったような形で、その先を尖《とが》らせたT字型の小さな道具である。尖らせた部分を適当な間隔で土に差し込み、その後に苗を植えていく。大豆をまくときなどもこの道具が使用された。

菜種の収穫は6月になる。収穫した菜種は瀬田唐橋の西詰めにある油屋に持っていった。菜種油の原料になったのである。その一部は自家用としても使用した。今日でも菜の花漬けを作るため菜の花を栽培している家は多いが、菜の花漬けはその名のとおり菜の花の新芽を摘んで漬物にしたものである。ところが菜種油をとっていた時代は、この部分は販売用であったので、当時は若い葉を摘んで漬物にしていた。葉漬けである。この漬

菜種の移植。11月の頃に行なう

漬物にする菜の花を栽培している｜写真：大原 歩

上
ケラカンゴ（田上郷土史料館蔵）
写真：加納俊輔
下
コノハカンゴ（田上郷土史料館蔵）
写真：加納俊輔

物は海苔巻《のりまき》の海苔の代わりに使用し、細かく刻んでご飯と混ぜてもおいしいものであった。

## ケラカンゴとコナハカンゴ

ケラを運び貯蔵する籠《かご》をケラカンゴという。ケラは菜種を採った後の種殻をいう。大きさは直径1mほど、深さが1mあまりの大きな籠なので、強度を保つことがむずかしい。そこで丈夫な籠にするために「六つ目のねじり」という編み方をしている。竹ひごをねじりながら六つ目に編んでいくことで、強度を加えるのである。大きな籠であるが、女性でも持ち上げられるほど軽い。この作業は数人の者が力を合わせて作りあげていく。地域共同体の知恵と力を集めることで編むことのできる籠であった。

ケラカンゴはケラの運搬用、貯蔵用の籠である。菜種の刈取り後、田んぼの中で種と殻に分け種は油の原料にするが、種殻は売り物にならない。これをケラカンゴにいっぱいに詰め込み、転がすようにして田んぼから家まで運んだ。カゴが大きいのは1回に多くの量を運び、貯蔵できるので合理的であったからである。ケラは役牛の餌《えさ》や燃料としても使用した。菜種をとことんまで利用し使い尽くすという知恵であり、このような知恵は田上の生活の中では随所にみられた。

コナハカンゴも六つ目のねじり編みの籠である。大きさはケラカンゴよりも一回り小さい。コナハ（木の葉）は主に松葉のことで、秋になると山には松葉がたくさん落ちているのでそれを熊手でかき集め、この籠に詰め背負って帰ってくる。主に女性の仕事であった。力の強い人は天秤棒《てんびんぼう》の両側にコナハカンゴを挿し込み、二つの籠を一度に運んだという。このような人は仕事ができる人とされていた。そのほか郷土史料館には茶・苗・土や石を運ぶための多様な籠類が収蔵されており数も多い。そ

収穫がすんだ田上牧の水田。写真の犂はかつて裏作に使用されていたカラスキ｜写真：加納俊輔

の作り方も使用目的により人びとの工夫が凝らされている。

このあたりの農家は1町歩《ちょうぶ》ほどの水田と多少の山を持っていれば生活ができたという。ご飯が食べられただけでなく、種々の生活用品も買うことができた。この規模の農家は4、5歳の大きな牛をもっていたので、最新式の犂を使うことができた。この地方で主に使用された犂は高北式短床犂といい、近代になって三重県で考案された短床犂で、水田の裏作用に使用したカラスキとは異なっていた。とくに一度荒起しした土を同時に砕土《さいど》する最新式の二段耕犂が使いやすかったので皆喜んだものであったという。この犂は深耕が可能であったが、4、5歳ほどに育った力のある大きな牛でないと曳くことができなかったという。

しかしながら、昭和30年代からこの地域にも機械化の波がおしよせてきた。犂・千刃扱《せんばこ》き・足踏み脱穀機・唐箕《とうみ》・千石・万石・摺《す》り臼《うす》など、大型農具を収納してきた納屋はトラクター・田植え機・稲刈り機・精米機などの収納庫に代わり、家族と共に牛が暮らした小屋は自動車の車庫に変身した。金肥《きんぴ》が普及したことにより堆肥や厩肥《きゅうひ》の必要性が薄れてきたことも大きい。今日ではほとんど見られなくなった農具類であるが、田上郷土史料館のような施設が設立されたことにより、当時の生活や農耕のあり様を学習することが可能になり、若い人びとにとっても貴重な施設になっている。

p33
田上手ぬぐいをかぶり三幅前垂れをすることが牧の女性たちの正装であった
（田上郷土史料館蔵）

近江学研究所副所長　加藤賢治

# 里坊
# 律院の庭園と西教寺本堂大壁画

律院の門｜写真：永江弘之

## 坂本の町と里坊

〈石積みの町坂本〉

比叡山の麓、山上の仏法を護る神々が鎮座する日吉大社の門前町として栄えた坂本は、中世の終わり、元亀《げんき》2年（1571）、織田信長（1534－1582）の元亀の法難（比叡山延暦寺の焼き討ち）によって灰燼《かいじん》に帰する。この時、信長の目に留まったのが、石積みである。坂本の町は、元来、比叡山の麓から湖に向かって緩やかに傾斜する坂の町で、ここに建築物を建てるために石積みの技術が発達していた。坂本から近い南坂本に位置する穴《あの》太《う》という集落の石工集団が、野《の》面《づら》積みを基本として完成させた技術である。

その技術を認めた信長は、安土城の築城に穴太の石工集団を呼び寄せたため、その技術は全国の大名に知れ渡り、現在でも天下の名城と呼ばれる城の石垣に穴太衆積みが見られるのである。

その石積みを両側に見る日吉《ひよしの》馬場《ばんば》と呼ばれる日吉大社の門前の通りを比叡山に向かって歩くと、八王子山（牛尾山）という標高378mの小さな山を見ることができる。この山の頂上には磐座《いわくら》があり、この地域の地主神を祀る日吉大社や延暦寺にとって大変重要な神格を持った山である。頂上付近をよく眺めると、二つの大きな屋根を持つ建物に気づく。右側が大山咋神《おおやまくいのかみ》荒御魂《あらみたま》を祀る牛尾宮、左側が鴨玉依姫《かもたまよりひめの》神《かみ》荒御魂を祀る三宮宮である。4月に毎年行われる日吉山王祭《さんのうさい》では、二つの神輿《みこし》が山の上から一気に下りてくる午《うま》の神事《しんじ》という勇壮な行事が行われることで知られている。

〈里坊〉

そのように歴史深く、石積みと神仏に囲まれた坂本にもう一つ重要な要素を忘れてはならない。

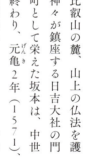

それが、里坊《さとぼう》である。山上の山坊に対する麓の僧坊の呼称である。比叡山延暦寺は伝教大師《でんきょうだいし》最澄《さいちょう》が天台宗を開いて後、数々の高僧たちが山中で厳しい修行をした。「論湿寒貧《ろんしつかんぴん》」すなわち、夏の高温多湿と冬の寒さに耐えながら経典を研究し清貧に暮らすという意味である。しかし、この山での厳しい修行にも限界があり、還暦を迎えた僧侶たちは、麓に降りて余生を暮らす。その最後の住処が「里坊」なのである。

信長の焼き討ちの前にも里坊が存在した記録は、室町期の『比叡山古絵図』に、慈覚大師里坊・慈恵《じえ》大師里坊・慈鎮《じちん》大師里坊などが少し描かれている程度で、全貌はよくわかっていない。ただ、江戸時代に天海大僧正（慈《じ》眼大師《げん》）によって比叡山が復興され、天海自身が滋賀院を坂本に開いて里坊としたことから、歴代天台座主《ざす》が滋賀院に入り、還暦を過ぎた僧侶に里坊を与える習慣ができたとされている。そのため少なくとも江戸時代に多くの里坊が現れるようになり、滋賀院門跡は坂本の総里坊として里坊を代表している。

　里坊の数の変遷は、『比叡山諸堂史の研究』（武覚超著　法藏館　2008年）に詳しい。江戸初期（17世紀中頃）21件、明和4年（1767）81件、明治5年（1872）89件、平成19年（2007）54件となっている。

　おのおのの里坊には、寺院でいう本堂に木造の不動明王や阿《あ》弥陀《みだ》如来、地蔵菩薩などが安置され、面積の大小はあるが、いずれも座敷から眺められる見事な庭園を持っていることが大きな特徴である。建物との空間構成、池や川、借景を活かした庭づくりは、池泉鑑賞式や池泉回遊式、曲流式などさまざまな様式が認められ、多種多様である。雙厳院《そうごんいん》、宝積院《ほうしゃくいん》、滋賀院門跡《もんぜき》、実蔵坊《じつぞうぼう》、寿量院《じゅりょういん》、律院《りついん》、旧白毫《びゃくごう》院《いん》、旧竹林院《ちくりんいん》、蓮華院《れんげいん》、仏乗院《ぶつじょういん》の10カ所の庭園は国の名勝に指定されている。そして、里坊がおりなす景観は、平成9年（1997）に重要伝統的建造物群保存地区として国の選定を受けている。

　現在、坂本の里坊といえば、日本を代表する庭園を鑑賞する貴重な観光資源として知られているが、ここでは、還暦を迎えた高僧たちが里坊でどのような思いとともに静かに庭園を眺めていたのか、その精神性や思想について考えてみたいと思う。

## 律院の庭園

〈律院の歴史〉

　坂本に数多くある里坊の中でも、比叡山延暦寺において最も厳しい行の一つである千日回峰《かいほう》行《ぎょう》を満行した大阿闍梨《だいあじゃり》という高僧が住職を務める「律院」を訪ねた。

　律院は、古くは比叡山延暦寺横川《よかわ》の飯室谷《いいむろだに》別格寺院であり、横川の総里坊として松禅院と呼ばれていた。元亀2年（1571）の信長による元亀の法難の際に消失したが、その時の住職玄俊が、天正11年（1583）にこの地に復興したのが、始まりとされる。

　横川の里坊としてその存在をつないできた松禅院は、近代に入って、一旦民間の手に渡り、荒廃していた。それを復興したのが、安楽律院の住職で、千日回峰行を満行した叡南祖賢《えなみそけん》大阿闍梨であった。その安楽律院が、昭和24年（1949）の火災によって本堂を失い廃寺となってしまったため、祖賢師は、松禅院を民間の手から取り戻して、寺名を「律院」とし、初代の住職に就任したのである。その後、各方面からの寄進によってほぼ今に見える堂舎が完成。現在、叡南祖賢師の後を継いだ覚照師の導きによって千日回峰行を満行した叡南俊照《しゅんしょう》大阿闍梨が律院の3代目住職を務めている。

　この寺院が「律院」と称されるのは、叡南祖賢師が住職を務めていた横川飯室谷の安楽律院に由来する。安楽律院は、平安時代に横川の別院、念仏の道場として麓の飯室谷に建立され、恵心僧都源信《えしんそうず》も隠棲するなどの記録も残っている。鎌倉、室町期に荒廃したが、妙立慈山《みょうりゅうじざん》とその弟子霊空光謙《れいくうこうけん》が、元禄7年（1694）、江戸時代に荒廃した比叡山延暦寺の修行のあり方を粛清するために、天台律宗の総本寺安楽律院（安楽派）として再興し、妙立が第一世となった。

　安楽律とは、最澄が行った十二年籠山《ろうざん》の制度を復活させるなどした厳格な戒律のことで、やがては東塔浄土院の侍真《じしん》制度（12年間籠山し、最澄が生きているとしてその世話に当たる修行）につながったとされる。

〈律院の庭園〉

　さて、国の名勝に指定されている律院の庭園を見てみよう。この庭園は、まだ松禅院と呼ばれていた江戸時代のはじめに、基礎が出来上がったと考えられ、天保《てんぽう》年間（1830年代）に保科寺宗秀が現在の様式として作庭したと伝えられている。

　庭園は、書院の南側と東側に広がり、面積は約230坪（759$m^2$）。比叡山から勢い良く流れ出る大宮川の清らかな水を、上流の寺から下流の寺へと順次取り入れ、ここにおいても巧みに流水を引き込み、心地よい水の流れを眺めることができる。曲流回遊式庭園と呼ばれるこの庭の様式は、必然的に山から流れ出る自然水を取り入れたものであるが、江戸時代の初めのものとしては非常に稀《まれ》な様式であると言われている。

　南側に面した縁側の前面に苔《こけ》が広がり、沓脱石《くつぬぎいし》から西側の門につながる大きな飛び石の均衡が美しい。石材はいずれも日吉

律院の庭園｜写真：永江弘之

山系の山石であり、存在感のある角の強い花崗岩《かこうがん》が多い。築山《つきやま》の左手には茅葺《かやぶき》の小さな東屋《あずまや》があり、その間に見える石灯籠とともに、山里における人の息吹を感じることができる。庭園内の木々は、シャシャンボ、カエデ、ヤマザクラ、ツバキ、ラカンマキ、ヒノキ、クロマツ、イヌツゲ、シキミ、サツキ、モチノキ、モミ、ゴヨウマツ、ソテツ、ナンテン、モクセイ、ヤマツツジ、シャクナゲ、ヤマユリなど、種類が豊富であり、四季を通じてさまざまに花が咲き乱れるのである。そこには、チョウチョなどの昆虫が訪れ、それを狙ってさまざまな種類の鳥たちもやってくる。

平成3年（1991）に、横浜市で歯科技工士を辞して、縁あって律院に入ったという僧侶の橋本慶俊《けいしゅん》氏は、この庭に始めて出会った時「すべてが生きている」と感じたという。美しい水の流れの間に小鳥たちが水浴びをする。大都会では失われてしまったこの空間に感動したのだ。その新鮮な心持ちは今も変わらない。

人間も含め生きとし生ける生命たちが凝縮された庭園。律院に限らず、坂本の里坊にはどこを訪ねてもこのような庭園を見ることができるのである。

西教寺本堂大壁画｜写真：浅野 豪

## 西教寺本堂大壁画

〈西教寺と不断念仏〉

律院の庭を眺めていると、以前に見た西教寺《さいきょうじ》本堂の壁画を思い出した。日本画家三輪晁勢《みわちょうせい》による「西教寺本堂大壁画『開花鳥語』」である。

天台真盛《しんせい》宗総本山西教寺は、その創建に際して、聖徳太子と慈恵大師良源という2人の名前が見えてくる。いずれもそれを証明する明確は資料が見当たらない。しかし、当寺の縁起によると、その後、良源の弟子である恵心僧都源信がここに入山し、西教寺の基礎を築いた。比叡山延暦寺の横川で修行し、『往生要集』を執筆。阿弥陀仏を中心とした浄土思想をこの世に広めた源信が、その麓の西教寺を民衆に寄り添う念仏の道場とした。

そして、文明18年（1486）、延暦寺での修行を終えた真盛上《しょう》人《にん》が入山。真盛上人は「戒称二門」すなわち「無欲清浄　専勤念仏」、欲を捨て清い心を持つという天台宗の厳しい規律を守ることと、一心に念仏を唱（称）えることという二つの門を主たる思想とした。ここに西教寺における不断念仏の実践が始まるのである。

この不断念仏については、境内に大きな存在感を持って並ぶ萬日法会《ほうえ》供養塔がその歴史を物語る。萬日法会は、真盛上人が入寂《にゅうじゃく》した明応4年（1493）から数えて一万日ごとに執り行われ、現存する最も古い供養塔は元禄7年（1694）の七萬日法会を記念するものである。本堂前に11基の大きな供養塔が並びたつ姿は実に壮観であり、国内の他の寺院に例を見ることがないと言われている。

**〈本堂の大壁画制作〉**

その中に、十七萬日法会供養塔がある。「西教寺本堂大壁画」の奉納は、昭和47年（1972）の十七萬日大法会の記念事業として計画された。

本堂の御本尊安置須弥壇《しゅみだん》裏側の大壁画制作は、大法会の2年前、昭和45年（1970）に始まり、制作者として、京都の日本画家三輪晁勢氏に白羽の矢がたった。しかしながら、大壁画の完成は十七萬日大法会に間に合わなかった。

その理由を、当時を知る西教寺文庫長前阪良憲氏に尋ねた。日延べの理由は公には三輪画伯の病気療養によるとされてきたが、それだけではなく、実際は、大壁画の着想が湧いてこないという難しい問題を抱えていたという。

三輪氏に対して、自由に仏画を描いていただきたいという西教寺からの依頼であったが、縦3・4m、横4・9mという巨大な仏画を描くという仕事は、当時日本画壇の重鎮と呼ばれた三輪氏にとってもまさに一大事業であったのである。

このままではということもあり、西教寺内部で検討が始められ、三輪氏のアトリエを京都の寺院から、西教寺に移すという計画が持ち上がった。前阪氏がその移転を実行し、昭和52年（1977）、西教寺の書院をアトリエとして、改めて壁画の制作が始まった。

三輪氏は西教寺に入山してから、一気に壁画制作を進めた。困難を極めた画題の選定は、不断念仏が響き渡る境内を逍遥《しょうよう》することですぐに解決したのである。

**〈沢庵禅師の詩偈〉**

西教寺総門前の右側に佇《たたず》む、詩碑に三輪氏の足が止まった。記されている詩偈《しげ》は、江戸時代の禅僧沢庵宗彭《たくあんそうほう》禅師（1573—1645）が、慶長19年（1614）に近江を巡礼した時にここを訪れ、不断念仏がすみずみにまで行きわたる静寂の地である西教寺を詠んだものであり、沢庵禅師の筆跡がそのまま拡大されて

本堂に伺うように並ぶ萬日法会供養塔

彫られている。

西方行者卜斯山
不断称名日夜閑
水鳥樹林皆念仏
見来安養在人間

「西方行者すなわち真盛上人が、この西教寺に入ってから念仏が日夜途切れることなく続けられている。山内の木々や小鳥たちも皆念仏を聞いて心安らいでいる。この地は、まさにこの世の中にある安住の地である。」

沢庵禅師は、真盛上人が中興したこの寺を、水鳥も樹林も皆念仏を聞いて暮らす浄土であると謳《うた》っているのである。

三輪晁勢氏がアトリエとした書院

三輪氏は、この詩偈が西教寺のすべてを顕《あらわ》していると直感したのであろう。この詩偈を壁画にすることを決め、すぐさま書院での制作活動が始まった。前阪氏によると、おそらく、樹林は、西教寺内にある庭園を参考に、そこにやってくる小鳥たちを被写体としたと考えられ、京都の自宅から弟子と毎日西教寺に通われたという。三輪氏はお酒が好きな方で、その日の絵を描き終えた後、少しお酒をたしなまれながら、鳥の羽根の描き方などについて、楽しげに語られたという。

**〈大壁画『開花鳥語』の完成〉**

『開花鳥語』と名付けられた壁画を見ると、さまざまな種類の木々の合間に水が流れ、ショウブやクチナシ、ツバキなどが開花し、シラサギやメジロ、ヒヨドリ、キジ、オナガ、マヒワなどの鳥たちが楽しそうに飛び回っている。どこかの里坊の庭園を眺めているような錯覚に陥りながら、平穏な心でその壁画を眺めることができる。

西教寺は三輪氏に仏画の制作を依頼されたというが、この壁画は仏教説話に基づく一般的な仏画とはかなり隔たりがある。しかし、草木国土悉皆成仏《そうもくこくどしっかいじょうぶつ》、す

沢庵禅師の詩偈が彫られた詩碑

なわちすべてのものが仏になるという大乗仏教の教えを描いているという点において、間違いなく仏画であると言えよう。

鳥が念仏や説法を聞いて安住するという思想が絵になっている事例として、京都栂尾《とがのお》高山寺の明恵《みょうえ》上人を描いた『明恵上人樹上坐禅像』や、イタリア・アッシジの聖フランチェスコ聖堂にある聖フランチェスコの生涯を描いた壁画28点のうちの一つ『小鳥への説教』などが知られる。それを縁に西教寺、高山寺とアッシジ修道院は、平成12年（2000）十八萬日大法会を機会に精神的兄弟提携を締結したという。

沢庵禅師の詩碑は、その詩偈を広く一般の人々にも知ってもらうために、奇しくも十七萬日大法会の記念として昭和47年（1972）に建立されたものである。要するに、三輪氏は十七萬日大法会に壁画を完成させることはできなかったが、それがかえって『開花鳥語』の着想につながったのである。西教寺や我々にとっても幸運なことであったのだ。

西教寺本堂大壁画 部分｜写真：浅野 豪

## 里坊庭園に流れる思想

〈高僧と庭園〉

今回、坂本の里坊律院の庭園と、「西教寺本堂大壁画」という二つのものを眺めてみた。そこには、底流する一つの思想が存在した。比叡山で厳しい修行を耐え抜いた僧侶と、禅の修行を行いながら全国を遊行していた沢庵禅師。彼らは、生きとし生けるものや無情のものすべてに仏が宿り、やがては成仏するという真理を里坊の庭園や、西教寺の境内に見たのである。

千日回峰行や籠山行、常行常《じょうぎょうじょう》坐三昧《ざざんまい》などの修行は、我が身を極限にさらしながら、自然と向き合い、その中に溶け込む瞬間を体感する。すると、周辺の動植物も岩も川の流れも一体となっていることに気づく。無心に真言を唱え、読経を繰り返し、山中を歩き修行は続く。そして、年を重ね、山を降りた僧侶は里坊に入って庭園を静かに眺めるのである。

〈悟りの庭〉

そこには、山で見たすべてのものが凝縮されて目に映る。風に揺れる木々の葉音、まばゆく光る新緑、花々の香り、虫の音、小鳥のさえずり、水の流れなど。老僧は目を閉じて、五感でそれらを味わいながら念仏を唱える。晩年、僧侶はこのように里坊の庭を眺めながら真理に近づき、そして庭とともに真に成仏してゆく。里坊の庭園は、まさに「悟りの庭」と言えようか。

江戸時代に西教寺を訪ねた沢庵禅師は、山内の情景を見て詩偈を読んだ。それを三輪氏は壁画として描いた。その壁画から静かに念仏が聞こえてくる。木々も小鳥たちも楽しそうに仏の歌を聴いている。

伝教大師最澄が開いた比叡山延暦寺。過去多くの高僧たちが、すべてのものが成仏するという大乗仏教の思想をもとに、衆生救済のための実践を模索してきた。その実践例の一つが「念仏」である。念仏を唱えると極楽浄土に往生できる。恵心僧都源信は、山の上の横川と、麓の飯室谷、そして安楽律院や西教寺を実践の場、すなわち念仏の道場とした。

里坊の庭園は、それぞれに様式が異なり、個性がある。どれ一つとして同じものはない。しかし、庭を前にして静かに目を閉じて耳を澄ましてみよう。そこから聞こえて来るものは、浄土に響く鐘の声であろうか。


**参考文献**

『比叡山諸堂史の研究』武覚超　法蔵館　2008年
「穴太積み石垣と粟田万喜三」木村至宏　『延暦山　門前町坂本』近江文化社　1980年
『近江　山の文化史』木村至宏　サンライズ出版　2005年
「比叡山と里坊」木村至宏　『古寺巡礼　京都12　延暦寺』淡交社　2007年
「里坊の庭」『滋賀の美　庭』京都新聞滋賀本社　1985年
『西教寺名宝展』（西教寺不断念佛十八萬日大法会記念、大津市歴史博物館10周年記念企画展図録）総本山西教寺　2000年
『西教寺の歴史と寺宝』総本山西教寺　1989年
『西教寺と天台真盛宗の秘宝』（真盛上人遠忌五百回記念展覧会図録）大津市歴史博物館　1994年
『三輪晁勢西教寺壁画展』三輪晁勢光琳社　1979年


p39
西教寺本堂大壁画 部分
写真：浅野 豪

# 循環する魂のスミカ
## ―仰木の里山から―

近江学研究所客員研究員
大岩剛一
写真：永江弘之（近江学研究所研究員）

庭の築山

仰木地区の位置

大津市北部。仰木《おおぎ》（1）は比叡山麓から湧き出て琵琶湖に注ぐ、天神川と雄琴川という2本の川に挟まれた尾根伝いに発達した集落だ。それぞれの川から取り出した水はイゼ（井堰）と呼ばれる用水路となって棚田全域を潤し、再び1本の川に戻って琵琶湖に注ぐ。稲を実らせ、人体に取り込まれ、里山という遠大な時空の中であらゆる命と豊かな精神文化を育んできた聖なる水だ。仰木には、自然界の循環と響き合うしたたかなスミカの思想が息づいている。

## 住まいは祈りに満ちて

2010年、仰木平尾地区にある西村貞子さんの家で、学生たちと一緒に屋敷と民家の調査をさせていただいたことがある。ゆったりした敷地には、築100年以上たつ南東向きの母屋を中心に、離れ、土蔵、農具小屋、もみ殻の貯蔵庫が並び、建材に使われている木や土はどれも地域の自然の恵みだ。カシ、スギ、モチノキ、サザンカなどの常緑樹が冬の比叡山麓の風から屋敷を守り、日当たりの良い高台には自給のための畑が広がっている。

家の間取は「田の字型」に並ぶ奥の四つの部屋が基本だ。中でも仏壇のあるザシキは天台宗の阿弥陀仏《あみだぶつ》を安置した最も神聖な部屋で、神棚のあるデイとこの2室は、家の儀礼や接客のための特別な部屋として使われる。

かつて火の神を祭る大きな竈《かまど》があった土間は炊事場に改造され、コンロの上の火伏《ひぶせ》の札が当時の名残をとどめている。玄関入口は比叡山延暦寺の厄除札《やくよけふだ》が、裏勝手口は元三大師《がんざんだいし》の札が護る。湿気がこもりやすい裏庭では、大きなユズの木を背にした悪鬼《あっき》封じの石が結界を張る。住居とは、まるで強固な精神的防塞のようだ。

西村家の母屋（中央）と比叡山系北部の山並（左）。右遠方は比良山系

築山の千両（手前）と石灯籠。奥には不老不死の仙人がすむといわれる蓬莱山《ほうらいさん》をかたどった石が見える

田植え直後の棚田（仰木平尾）

西村家と信仰分布図

イラストレーション：大原 歩（近江学研究所研究員）

右
「白姫・白龍」の文字が刻まれた弁財天の石柱と祭壇
左
築山庭園の中にある内井戸。最近まで釣瓶《つるべ》で水をくみ上げて飲料水や風呂の水に使っていたが、今は庭木の水やりのみ使用

ザシキからは土地の傾斜を利用した見事な築山《つきやま》庭園を望むことができる。庭の奥には弁財天の石柱。水と関わりの深い「白姫・白龍」の文字が刻まれ、月に二度、水や塩と一緒に庭の榊《さかき》を祭壇に供えて祀《まつ》っている。庭の手前、比叡山の伏流水をたたえた内井戸（2）は、昔から飲み水などの生活用水に利用されてきた西村家の命綱だ。

庭のあちこちで目につくのは、赤い実のなる縁起ものの千両、万両と魔除けの南天にヒイラギ。古来より屋敷内を清浄に保つ役割を担ってきた庭木たちだ。築山の青葉の茂みには、自然界の神々を呼び込む依代《よりしろ》としての石塔や石灯籠が見え隠れしている。

この庭を考案した今は亡き当家の主人の重和《しげかず》氏の熱い思いが伝わってくるようだ。植物と石を依代にしたこの築山庭園には、仏教的浄土思想とアニミズム（3）が混然一体となった死後の世界が象徴的に表現されており、その賑《にぎ》わいはさながら永遠の命をめぐる祈りの楽園のようである。

## オショライさんがくる家

古来より、集落を取り巻く山並みの向こうには先祖の霊が眠る他界が広がっていると考えら

神棚のある「デイ」から、阿弥陀仏を安置した仏壇のある「ザシキ」を見る。左手のガラス障子から築山庭園が見える

れていた。お盆になると、祖霊がこの山を越えて村を訪れ、家族のもてなしを受けて再び山の向こうに還っていく。仰木では、先祖の名前が入ったオショライさん(十)と呼ばれる薄い板(経《きょう》木《ぎ》)を仏壇に供えるが、昔はザシキの前の縁側にオショライさんを並べた盆棚を置いて先祖の霊の送り迎えをしたという。

　縁側とは面白い場所だ。内と外を隔てるただの境ではない。ある想いが日常の生活圏からはみ出して、どこか遠い、見知らぬ世界に向かおうとする際の起点になっている。縁側が、あの世からの客を迎えたり送ったりする時の、家のターミナルポイントになっているのだ。

　築山とは、いわば身近な生活空間に創り出されたオショライさんのすむ山であり、他界の風景である。お月見もそうだが、昔の家にはこのように、実に雄大なスケールの時空を超えた眼差しがあった。だが、どれも現代の住まいからは失われた視線だ。

　里山は循環する魂のスミカ。家の中で、村の辻や道端の地蔵の前で、死者の魂と生きている者の魂が交感し合う終《つい》のスミカなのである。

上
蓬莱山をかたどった石
下
屋敷の入口にある地蔵。外井戸(写真左手に隣接)を守っている。
外井戸は敷地内の溜池《ためいけ》で泥を落とした後の野菜の仕上洗いをする場所だった
左
ザシキから廊下越しに築山庭園を望む。昔ここは吹きさらしの縁側だったところで、
盆棚を組立て、ナスウマやホオズキと一緒にオショライさんを祭ったという

右
早春の棚田（仰木平尾）
左
比叡山麓に広がる平尾の集落。西村家の畑から母屋（中央）と農具小屋（右）を望む

## 里づくりという物語

里山には、私たちが生きる効率優先の社会とは異なる時間が流れている。自然界をおおう時間と、モノや暮らしを取り巻く時間。生きる者の時間と死者の時間。ここには地域の記憶とともに、ゆるやかに時を刻む人の暮らしが今なお生きている。そんな彼らの暮らしに触れるたびに思い知らされるのは、私たち都市生活者の「住む文化」の貧しさだ。大地（自然）から切り離されて生きる私たちの異様な姿だ。

仰木のお年寄りが、まるで家族か友だちのことのように気軽に口にする「仰木の神さんのおかげで」という言い回しがある。例えば「毎年おいしいお米がとれるのは水の神さんのおかげ」といった具合だ。つまり「神さん」とは、そのおかげで生かしてもらっている命の源のこと。村の歴史と先祖の暮らしを守り続けた、太陽と水と土と空気の恵みのことだ。大地に根を張り、命と向き合って生きてきた人々だけが知り得る、感謝と祈りがしみ渡った言葉である。ここはいわば神の土地。多くの祈りに守られ、自然の恵みを分けてもらって生きる人々のスミカなのだ。

近年仰木に隣接するニュータウン[5]では、それまでの消費型の生き方を自ら変えようとする人たちの間で、その手本を里山の持続可能な暮らしや精神文化に求める住民同士の交流が始まっている。自治連合会の動きも活発だ。

加速する暮らし。息苦しい社会。疲弊して行き場を失った私たちの魂が、解き放たれて帰る場所を見つけた時、そこは「里」になる。私たちが自然とのつながりを取り戻し、大地への祈りを思い出した時、自分の生きている場所をゆっくりと里に変えていく、そんな新しい物語が始まるにちがいない。

註

（1）仰木／世帯数824、人口2100人（2018年時点）。上仰木、辻ヶ下、平尾、下仰木の4つの地区からなる大きな集落。仰木の集落形成の歴史は約1300年前にさかのぼり、大津と北陸を結ぶ旧北国海道（現県道558号線付近）から西へ分岐し、京都の大原で若狭街道（鯖《さば》街道）と合流する仰木道の途中に発達した。比叡山三塔の一つ、横川《よかわ》への登り口に当たる。

（2）内井戸／西村家には外井戸（屋敷入口）と内井戸（築山庭園内）の二つの井戸と地蔵があったが、その後内井戸を守る地蔵だけが現在の位置に移された。西村家が深刻な水不足の時代を生き抜いたのはこの二つの井戸のおかげ。

（3）アニミズム／animism。自然崇拜。宇宙の万物に宿る霊魂を崇拝する信仰。

（4）オショライさん／「精霊」から来た呼称と思われる。

（5）ニュータウン／仰木の里ニュータウン。1979年に土地区画整理事業の決定が下され、1986年から宅地分譲が始まった面積189ha、4000戸、計画人口1万6000人の広大なニュータウン。

参考文献

「里山～水と暮らし」（『成安造形大学付属近江学研究所紀要』第1号、大岩剛一、共同執筆者：大原歩、成安造形大学付属近江学研究所、2012）
「里山とスロー・ランドスケープ　～循環する時の風景」（『住宅建築』2003年3月号、大岩剛一、建築資料研究社）
「里山～循環する魂のフィールドワーク／対談：大岩剛一（編）×薩山歩」（『近江学』創刊号、成安造形大学付属近江学研究所、2009）
『里の在処（ありか）』（内山節、新潮社、2001）

上仰木5月の棚田｜イラストレーション：永江弘之

# 里の伝説 仰木―「佐治の手」と「源満仲公」

近江学研究所研究員
永江弘之

比叡山系の山裾《やますそ》の稜線《りょうせん》沿いに家々が立ち並ぶ。「月読の棚田」と呼ばれている圃場整備された地域から平尾の集落を望む

「明日は、朝の6時半から「佐治《さじ》の手」の草刈りとおごと温泉駅のまわりの草刈り、7時半から「御所の山で満仲《みつなか》さんの頌徳祭《しょうとく》」をして、そのあと、午後から小椋《おぐら》神社でやるそうめん流しの準備をしますのや」と仰木《おおぎ》の方にうかがったのは、平成30年（2018）7月15日、酷暑の中の山行き（1）の途中でのことでした。

大津市仰木は、比叡山を西に望み、東は琵琶湖を見下ろす山麓に位置し、上仰木、辻ヶ下、平尾、下仰木の四つの地域（仰木四ヶ村）からなる大きな農村集落です。家々が尾根沿いに立ち並び、その周囲を階段状の棚田が取り巻き、背後に雑木林や山林が続く里山は、日本の原風景とも呼べる美しい景観を今も残しています。東塔、西塔と並ぶ比叡山三塔のひとつ、横川《よかわ》への登り口に当たり、仰木の地名は、横川の霊木をあおぎ見たことから付けられたともいわれています。

平安期から「仰木庄」として知られ、氏神の小椋神社は延長5年（927）に「延喜式」の式内社に選ばれており、1000年以上の歴史がある里山の集落には、いくつもの伝承、むかし話が伝えられています。その中から、佐治というひとりの侍が命を賭《と》して仰木を守り、現在の仰木の集落が高台に形成された由縁を伝えるお話と、源満仲が横川の恵心僧都《えしんそうず》源信に帰依し一時期を仰木に移り住んだという伝説を紹介します。

## むかし話「佐治の手」

むかし、仰木の村は「岩谷」と呼ばれる低い所にわずかな農家が肩を寄せ合って住んでいたが、毎年収穫期になるときまって盗賊が村を襲い、収穫したばかりの米や大事にしているお金などを奪っていった。村人たちにはよい方策も見つからず、ただ盗賊が帰って行くのを身を潜めて待っているだけであった。

そんな状態が何年も続いたある年、佐治と文七という二人の侍が仰木の村を通りかかり、村の困っている様子を知り、そのまま留まって用心棒となった。この後、盗賊は二人の侍の働きで撃退され、やっと落ち着いて仕事に励むことができると喜び合っていた。だがその喜びもつかの間、盗賊は佐治の利き手を差し出さなければ村を焼き払うぞという難題をつきつけてきた。村人たちは、村を焼かれるのは困るが、さりとて世話になっている佐治に話すわけにもいかず困り果てていたが、これを知った佐治は迷わず自

佐治の手｜イラストレーション：永江弘之

佐治の手の墓

> 分の左手を切り、村を敵の攻撃から守るために高い所に移すように言い残し、文七に後の事を頼んで死んでいった。
> この後佐治の遺言を守り村を今の高い所に移したという。彼の墓と伝える石碑が今も仰木の平尾集落のはずれにひっそりと建ち、その表面に手が浮き彫りにされている（2）。

仰木の人たちが「佐治の手」と呼び慣わしている古い墓石（石碑）は、平尾集落の東のはずれにあるこんもりとした丘に立っています。墓石には手形が浮き彫りされ、その下には梵字と「浄観信士」の法号が刻まれています。今も連合自治会長さんなど四ヶ村の代表の方たちで、年に二度、墓の清掃や草刈りを続けて大切にしているそうです。南西を向いた墓の前から、今は圃場《ほじょう》整備された田んぼとニュータウンの家々が見下ろせますが、かつては入り組んだ丘陵地と棚田や畑が広がっていたそうです。この森には、他にも庚申塔《こうしんとう》や山の神の石碑などがあり、村境を守る大切な場所だったのでしょう。

もともと、比叡山への信仰の道、京都と近江や北国との往来の道に沿って集落が発展してきたのだろうと推察されますが、昔は低地にも小さな村落が散在していたのかもしれません。現在は、周囲の宅地開発とともに湖側に家並みが広がっていますが、それでも棚田に囲まれた仰木四ヶ村の家並みが高台に細長く続く景観は、独特の風情があります。

月読の棚田（平尾）から佐治の手の墓のある丘を望む。
丘の左の高台が平尾の集落。
右にはニュータウンの家並みと琵琶湖の対岸の山が霞《かす》んでいる

上
佐治の手の墓の掃除や草刈りをしている
四ヶ村の代表のみなさん
右下
源満仲公の頌徳祭
左下
仰木祭の「馬止め」の神事。
神輿かき数人が肩組みをして馬の前に立ち、
飛び跳ねて馬を止める

## 「多田満仲の館跡（御所の山）」の伝説

源満仲（912—997）は、平安時代中期、清和源氏発展の基礎をつくった武将で、後の頼朝や義経の先祖に当たる人です。摂津国多田庄（兵庫県川西市）に住み、多田源氏を称したので、多田満仲と通称されています。天禄《てんろく》2年（971）、満仲は摂津多田から仰木に移り、居館は多田御所と称されました。仰木庄を領有したためとも、比叡山横川の恵心僧都（源信）と親交があったためともいわれています。実際、満仲の九男僧源賢（多田法印）は恵心僧都の弟子であり、その関係から満仲も恵心僧都に帰依するようになったのかもしれません。貞元《じょうげん》2年（977）、満仲は恵心僧都を戒師として出家し、法名を満慶と号し、居館を寺として「紫雲山来迎院満慶寺」と称したといいます。そして、仰木にいること十余年、最晩年は摂津多田に帰ったと伝えられています(3)。

辻ヶ下地区の奥比叡ドライブウェイに向かう道路沿いの小丘に、源満仲の館の旧跡を示す石碑が建てられており、地元で「御所の山」と呼ばれています。年に一度「頌徳祭」が行われます。頌徳とは、ある人物の徳の高さをほめたたえることです。

満仲公は仏道修行とともに小椋神社を深く信仰し、神輿《みこし》5基を奉納。水争いが絶えなかった仰木四ヶ村が、年一度雨乞いの祭礼を行うことで、力を合わせて仲良く暮らすように仰木祭を始めたとも伝えられています。毎年5月3日に行われる小椋神社の古式祭典「仰木祭（泥田祭）」の中で、多田庄へ帰ることを決意し馬で仰木の地を去ろうとする満仲公との別れに際し、嘆き悲しむ村人たちが馬の前に立ちはだかって必死になって引き留めたという故事にちなんだ「馬止め」など、満仲公ゆかりの祭事も行われます。

上　比叡山系の山裾から広がる、等高線のような曲線が美しい棚田
下　集落の辻や棚田の畦《あぜ》にはたくさんのお地蔵様が祀られている

## 里の記憶、土地の記憶が誇りを育む

佐治は、ふらりと仰木にやってきた浪人で素性ははっきりしません。一方、満仲公は清和天皇の血を引く武士の棟梁《とうりょう》。地方の一集落の人からは、神さまみたいな存在に感じられたかもしれません。寛弘2年（1005）、満仲公は小椋神社の祭神に合祀《ごうし》されたと伝えられています。時代も素性もまったく異なる2人の人物に共通するのは、どちらも外部からの来訪者だという点です。村人たちは来訪者を手厚くもてなし、彼らは仰木に住み、そして、命を賭して村を守ったり、村の繁栄のために寄与するのです。これは、外界からの来訪者を、幸福をもたらすものとして神格化し歓待する客人《まれびと》信仰のようなものが根底にあるのかもしれません。

来訪者の目に仰木はどのように映ったのでしょう。比叡山系を水源とする水や山の恵み、幾世代にもわたって開墾してきた美しい棚田からの糧、水の神を祀《まつ》り豊作を願う祭、比叡山延暦寺とりわけ横川との深い結びつきを通して息づく信仰、里山に生きるさまざまな知恵、そうしたものが来訪者を強く魅了したかもしれません。村人たちにとって日々の暮らしそのものである里の固有の文化について、来訪者の目を通してあらためてかけがえのない大切なものだと気づかされ、誇りに思うことも多かったと思います。また、「命を賭して守ってくれた村」「高貴な方が大切に思ってくれた村」であることが生む自尊心も、客人がもたらした幸福だと言えそうです。

今日まで、「佐治の手の墓」や「御所の山」「祭事」「語り継がれる伝承」などの実在の事跡を通して、2人への頌徳の思いは仰木の暮らしと深く一体化しています。外来のものも受け入れ、自分たちの文化に内包し、大

仰木ふるさとカルタ。
仰木の方に聞き取りをしながら読み札をつくり、
学生がイラストを描いた

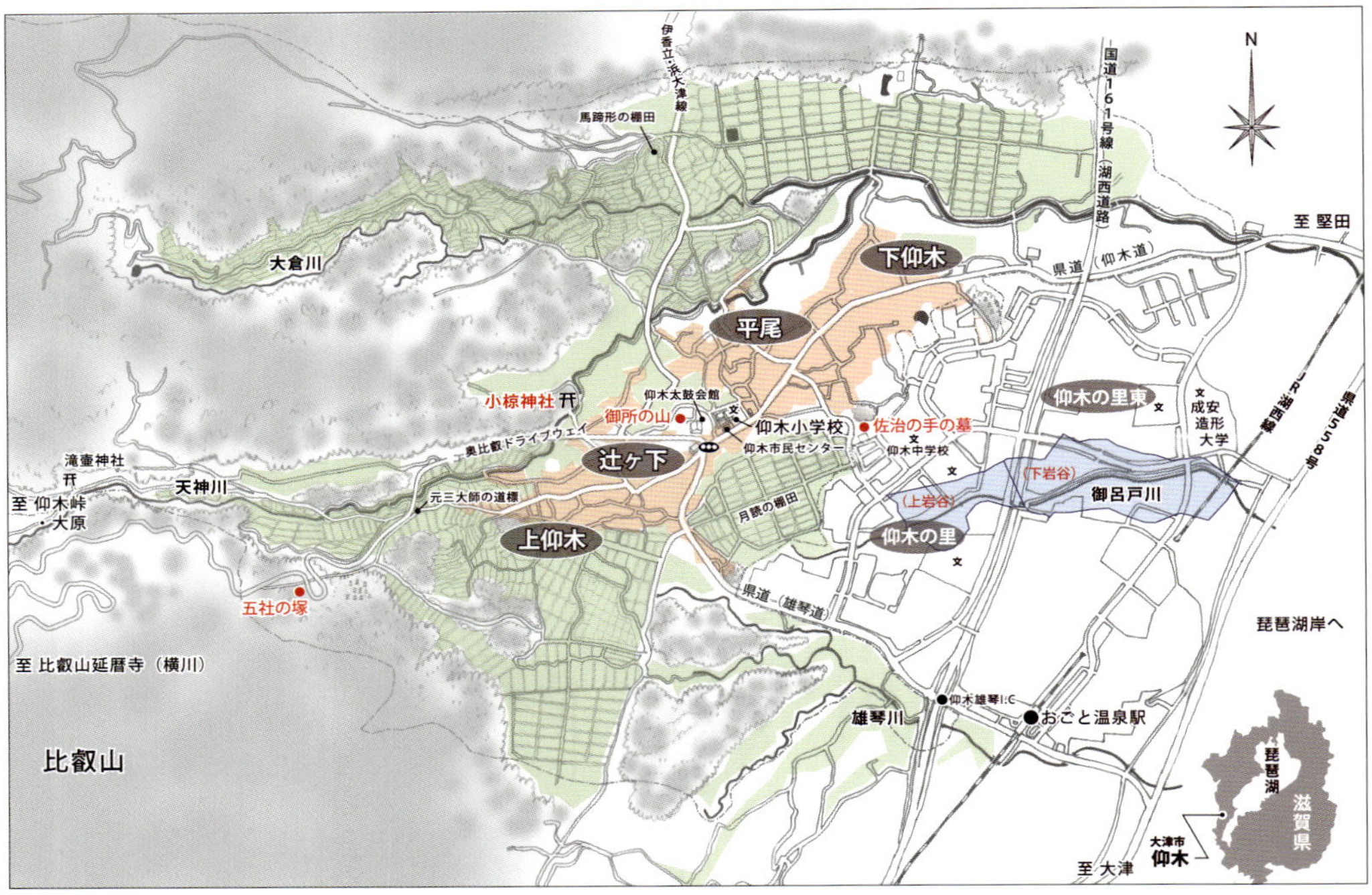



仰木の全体地図｜作図：大原 歩（近江学研究所研究員）一部改訂
仰木四ヶ村（上仰木、辻ヶ下、平尾、下仰木）の家並みのエリア
棚田エリア。自然の地形を活かした棚田と圃場整備後の棚田の地域がある
御呂戸《おろと》川沿いの低地にある「上岩谷」「下岩谷」という小字のエリア(4)。「佐治の手」のお話の中の「岩谷」がこの辺りだったのかもしれない

切に育んでいくのが仰木という里の文化の特性と言えるかもしれません。

仰木小学校の総合的な学習の時間では、子どもたちが暮らしや文化、歴史、伝承などさまざまな仰木の魅力を掘り起こし、「仰木探訪」という冊子にまとめて学んでいます。また、近江学研究所の研究活動として、平成22年（2010）から2年間をかけて、12名の学生とともに「仰木ふるさとカルタ」(5)の制作をしました。仰木の60－90歳代の方々に生活文化の聞き取りをして48枚のカルタに仕上げました。これも、里の記憶を目に見える形に再現し、遊びを通して語り継いでいく仕掛けのひとつです。これからもいろいろな形で地域の誇りや魅力が世代を越えてつながっていくのだと思います。

註

（1）仰木の山は「惣山」という村の共有林が多く、村全体の財産として守ってきました。二つの生産森林組合（上仰木・辻ヶ下生産森林組合、平尾・下仰木の逢坂山生産森林組合）では、年3回「山行き」が行われ、各戸1名ずつ必ず参加をし、村総出の森林整備作業として、踏査・枝打ち・間伐などを行います。

（2）『ふるさと大津歴史文庫5　大津の伝説』（大津市発行、1988年）より抜粋。また、『ふるさと仰木―古老が語る―』（仰木史蹟会発行、1994年）には、村長の娘おのぶに恋をした佐治が、愛する人と村を救うために一命を捨てたという話が収録されています。

（3）『新修大津市史7　北部地域』（大津市発行、1984年）より要約。満仲公とのつながりを示す旧跡はほかにもあり、元三大師道の途中にある「五社の塚」と呼ばれる5基の石積みは、没後にその武具を埋めた所で「御所の塚」がなまったものといわれています。また、「五代の塚」と称し、鎌倉幕府をひらいた源頼朝が、文治2年（1186）に源満仲の仰木来住の由緒を聞き、そのゆかりの地に源氏興隆の基を打ち立てた満仲をはじめ頼光・頼信・頼義・義家の5代の先祖の塚を築き、天下泰平・国家安穏・仏法守護を祈ったものとも伝えられています。

（4）季刊『じぞうのめ』第3号2012秋・冬（地蔵プロジェクト発行、2013年）より。

（5）「仰木ふるさとカルタ」（成安造形大学附属近江学研究所発行、2013年）と、「仰木ふるさと物語―仰木ふるさと五感体験アンケートまとめ」（成安造形大学附属近江学研究所発行、2014年）は、『生活文化の聞き取り調査、及び、仰木ふるさとカルタ制作』プロジェクトとして近江学研究所研究員の永江弘之（研究主担当　全体監修・作画指導）と大原歩（共同研究者　仰木のくらし解説執筆）と12名の学生で2年間取り組んだ成果物です。

近江学研究所研究員
吉村俊昭

# 湖北の里 下丹生

長浜市余呉町、木之本町地図

下丹生の集落。丹生神社から南に集落が広がる。2本の谷筋の間で山の東面裾、川から一段高い位置に集落が作られた山間部の典型的な農村集落の形態である｜ 写真：加納俊輔

## 余呉湖と旧余呉町

地図で見れば、琵琶湖の北に小さな点が打たれたように見える湖が「余呉湖《よごこ》」である。琵琶湖に比べて余呉湖はあまりにも影が薄い。琵琶湖とは南側を賤ヶ岳《しずがたけ》により隔てられているが同じ成り立ちの断層湖である。静かな水面を湛《たた》える神秘的なたたずまいから、桐畑太夫《きりはただゆう》や菊姫伝説、羽衣伝説など説話には事欠かない。JR余呉駅から湖を望むと羽衣伝説いわれの立派な衣掛け柳が目に入ったのであるが、残念なことに昨年の台風で倒れてしまった。

中世以降伊香《いか》郡の中心として名を遺す余呉庄は、余呉村、余呉町を経て平成22年（2010）に長浜市に編入され長浜市余呉《ながはましよご》町となった。旧余呉町は、滋賀県の地図では、余呉湖を南の起点として北に向けて突き出た角のような地域である。福井県、岐阜県に隣接する山岳地帯で豪雪地帯としても知られるところである。滋賀県、近江の地を起点とする街道の一つである北国《ほっこく》街道《かいどう》は、琵琶湖の東側を南北に貫く。中山道の鳥居本《とりいもと》から長浜、木之本《きのもと》を経て椿坂《つばきざか》から今庄《いまじょう》に至り北陸道《ほくりくどう》に合流する。その道のりの多くが旧余呉町を通っている。現在の国道365号線である。

かつては丹生《にゅう》郷と呼ばれた地域を通る285号線は高時《たかとき》川に沿って北上し椿坂の北、中河内《なかのかわち》で365号線に合流する。余呉町中之郷《なかのごう》から3kmほど東に入ったところに「下丹生《しもにゅう》」の集落があり、在住の三國佳未《みくによしみ》さんを訪ねる。三國さんとは、4年前に余呉町中之郷にある「ウッディパル余呉」の焼畑復元の取り組み調査で出会った。郷土食の研究家であり食べる音楽会「タベオト」の主催者でドライフラワー作家としても活躍されている方である。

アユ釣りで知られる高時川右岸のやや開けた所にわずか37戸の小さな集落がある。高時川に近い平地は水田で、集落は西側の山《やま》裾《すそ》に広がっている。畑地は集落周辺と谷沿いに作られている。以前は、炭焼きなど山仕事に従事していた方もいたが、今では木之本まで道路も整備されて、車で10分程度のところであるから街に勤める人も多く、半農が多く女性も農業に従事している。

ネットで覆ったニンジン。手前の里芋は、まだ成長していないので覆っていない。水田越しに見えるガードレールの向こうが高時川

## 野生獣と農業

　人と野生獣の共存はできないのであろうか。里山の消失が獣害を生んでいるのか。滋賀県の野生獣による獣害調査では、平成20年（2008）にピークを迎えるがその後獣害対策により減少しているとある。しかし、湖西から湖北の聞き取りでは減少している気配はない。その被害の多さに耕作をあきらめているとも聞く。また、獣害は竹藪も荒廃させている。イノシシに筍《たけのこ》を食べつくされ、サルにかじられた筍は育たない。

　三國さんの話は、獣害から始まった。イノシシやシカ、特にサルによる被害が大きく、さらに獣害とはいえないがクマの出没も懸念材料らしい。村から離れた谷沿いの耕作地は被害が集中して耕作をやめたところが目立つという。滋賀県はネットや電気柵《さく》による獣害防止を奨励していて、下丹生でも耕作地を取り囲むように電気柵が設置されたが、水害、雪害による破損などで有効性を発揮できないでいる。サルは電気柵を怖がらず平気でよじ登るという。時には木や電線を伝って柵の内側に降りて農作物を取る。出るときには柵を内側から壊して出ていくのだそうだ。

　カボチャなどの生《な》り物は、ワイヤーメッシュ柵で囲っていてもツルを引き寄せ大きな実を噛《か》み砕いて持ち去る。サルがカボチャを抱えて走って行くのを目撃したとの話を聞いて、思わず鳥獣戯画の一場面を思い出して笑ってしまった。サルは、農作物の味を覚えてしまうと、食べごろを見計らって幾度となく取りに侵入するという。かじって味見をして、まずければ放り出しておく。ニンジンなど引き抜くのに固ければ、地表に出ているところだけかじる。サル知恵というが、なかなか賢くイタチごっこになっているとのことであった。

サルにかじられたズッキーニ。採種用に大きくなるまで育てていた。奥と手前に噛み跡がある

金属製の網ワイヤーメッシュで囲い、ネットで覆われた芋とカボチャの畑

　三國さんの裏庭と近くの畑を見せていただいた。裏庭の畑は、基礎をして太い柱をたててネットで覆い、頑丈なアルミ製の扉まで付けてあった。近隣の家々でも形こそ違え、ネットを用いて農作物用の檻《おり》を作っていた。生り物には収穫期がある。収穫するにも、その都度檻を開け閉めするのが億劫《おっくう》で、収穫時期を無視してまとめて収穫する。動物園では、サルが檻に入っているのだが、人が檻に入って作物を作らなければならないのは、農家の方にとって悲しいことであろう。

　高島市朽木《くつき》で、サルを生け捕ったときは、見せしめに死ぬまで檻に入れておくと聞いたことがあった。話すと、同じことをしたことがあったという。効果はあったが、サルが死んでしまうと効果がなくなったので、山に埋めたという話であった。鳥獣保護条例による是非はともかく、人々にとっては畑作を放棄しなければならないという、死活問題に近づいていると思えた。

　イノシシはこれまで夜から朝

裏庭の畑の作物囲い。太い柱を立ててネットで覆っている。扉は風呂の扉を使っている｜写真：加納俊輔

作物囲いの中。囲いの上にもネットを張っている。梁《はり》を渡し頑丈にしないとサルが上に乗りゆすって壊してしまう

にかけて姿を見せていたが、今では昼でもウリボウ（イノシシの子）を連れて集落に出没し、畑を掘り返す。シカによる食害は、近年急増したという。高い柵でも飛び越え、稲も食べる。わずかに捕獲をしているが、食肉としての販売も難しく、捕獲後の処分が大変であるという。以前、山に10数頭のシカの死骸《しがい》が捨ててあった。捕獲者が処分に困ったらしい。しかたなく村人でその場に埋めたということだが、野生獣は捕獲することだけでは終わらないことを痛切に感じた。

　クマは最も危険な野生獣で、クマが出ると聞くとその山には入りにくくなる。三國さんのご主人もクマと遭遇し山に行かなくなり、三國さんも犬を連れて山に入るということであった。

## 山菜採り

　山菜の採れる山が荒れている。山菜を採る人たちが高齢化したのと野生獣との遭遇が心配で、あまり山に入らなくなった。イノシシに襲われけがをするなど、水害や自然災害による畑地の荒廃とあわせて野生獣の増加で、里山の活用が減りつつある。

　下丹生では、昔から山菜取りの規制はしていなく、村人は自由に山菜採りに出かけていた。村人はそれぞれ採集する自分の場所を持っていてネドコと呼んでいる。

　三國さんの話である。集落の東、木之本町杉野との間にある小字《こあざ》ノジリに三國さんのネドコがあり、他の場所の2倍もある立派なワラビが育つ所であった。ウドのほか谷ではワサビも採れる。フキも1年分を採って佃煮《つくだに》にしていたが、ある時フキの群生が消えてしまったという。街から来た人が根こそぎ引き抜いていったらしい。

　長年ソバを植えていた畑がサルに荒らされ、耕作をあきらめ放置していたところ、立派なワラビが育つようになった。昨年、その畑のワラビがいつの間にか摘まれていた。村人が無断で摘むわけもなく、そのことが週末に集中しているので、街の人が採りに来ているのだろうと考え見にいくと、案の定ワラビを摘み採っている人がいた。「わたしのところの畑ですよ」と注意したが、山菜は誰のものでもなく摘むのは自由という都会人の勝手な思い込みで、悪びれもしない。ちゃっかり畑の隅の梅も摘んでいたという。

　「人々の共同体としての決め事・暗黙の了解」が存在することにまったく気付かない。山菜ブームなのだろうか、都会から山菜を採りに来た人たちの無謀な振る舞いが増えているという。山菜を根こそぎ取り、コシアブラやタラノキ等の芽を取るために根元から伐採する。育てながら活用して必要な分だけを採るという、自然との共生を理解できないのである。都市では、私たちが持っていた生活共同体の意識が希薄になっているからであろうか。獣害に加えて人害と呼べなくもない。

　三國さんが春に収穫し保存しているワラビを見せてもらった。灰まみれである。ワラビは塩漬けまたはアク（灰汁）に漬けるか、今では冷凍するなどの保存方法

保存食のワラビ。灰にまぶしている。水につけて戻して料理する

サバ熟れずしの漬け込み。サバやイイの状態がよくわかる

サバ熟れずし。冷凍してあったものを自然解凍した。イイがペースト状になっている。下に敷いているのはササ

切り身とイイ。見た目は鮒ずしとは違い、身は柔らかくキズシのようだ

があるが、灰をまぶしたものは、これまでに見たことのない保存方法であった。摘んできたワラビをゆがき、木灰にまぶして乾燥させるとのことである。灰がアクを抜くとともに乾燥剤にもなっている。

## サバの熟れずし

琵琶湖の鮒《ふな》ずしはつとに有名である。塩漬けしたニゴロブナをイイ（飯）と一緒に1年から2年の間漬け込む熟《な》れずしである。余呉ではサバを使う。サバずしと聞くと棒ずしを思い浮かべるが、サバの熟れずしなのである。

三國さんのサバ熟れずしの作り方を紹介する。サバを背開きにして塩漬けにする。昔は桶《おけ》を逆さまにしてサバから出た汁を抜きながら漬け込んだが、今では季節が来れば塩漬けしたすし用のサバが魚屋で売っているという。11月にイイを使って本漬けをする。サバの腹にイイを詰めササの葉を敷き詰め、イイとサバを桶に漬け込む。イイには酢をふりかける。イイに実ザンショウとエゴマを入れるのは三國流とのこと。発酵の進み具合で漬け込みの重しを変える。重すぎるとサバが固くなる。概ね2カ月後の正月あたりから食べ始める。漬物と同じ感覚で食べるので、3月には食べきってしまう。

サバ熟れずしは余呉だけでなく西浅井でもつくられているという。「今年は90本漬けましたが、これが最後の1本です」といって、冷凍保存されていたものをご厚意でいただいた。見た目はとにかくボリュームがある。漬け込みが浅いためかサバに厚みがあり、ササの葉と発酵したイイとサバのバランスは鮒ずしとは異なる美しさがある。身は柔らかくイイは甘みがあり香は鮒ずしより格段にゆるく優しい。キズシ（しめサバ）のような味わいもある。鮒ずしを想定していたが、いい意味で期待を裏切られた。なぜ、これが余呉の地方食としてしか知られていないのか不思議な感じがした。サバも漬け込んだイイも本当に旨いサバの熟れずしであった。

## ダンゴとモチ

余呉ではチマキをササの軸に団子を巻きつけて作る。この軸の部分をオハシといい40cmほどのまっすぐな軸が必要になる。雪の深いこの地方ではなかなかまっすぐな軸のササが手に入りにくいという。ササを使ったチマキは一般に2枚のササの葉で包むが、余呉では4枚使う。チマキを縛るイグサも穂の部分を使い、穂を飾りにしている。10本単位にして、昔はヤカンに入れてゆがいた。節句につきもののチマキであるが、5月ではササが育っていないので、チマキを作る時期は、ササが大きく育つ7、8月になる。最近は、良いササもシカの食害で減り、イグサの穂も手に入れにくくなったとのことである。行市山《ぎょういちやま》山麓の余呉町池原《いけはら》では今も盛んに作られているらしい。

ガラタテのマンジュウ。ガラタテとはサルトリイバラ（サンキライ）のことである。柏餅《かしわもち》はカシワの葉を使うが、余呉ではサルトリイバラを使う。若葉のガラが消えると葉の収穫時期になるという。

## 節分の行事

非常に興味深い節分行事である。節分の豆まきは、子供たちが行う。男の子だけである。節分当日、近所の小学生が家々を回って豆まきをする。「豆まきをさせていただきます」との口上の後、セドと呼ぶ玄関横の部屋からフクワウチ、トミタカラウチと叫んで豆を撒《ま》く。トミタカラは富と宝であろう。その後、玄関からオニワソトと3回叫んで豆を撒き、鬼が戻ってこないように急ぎ戸を閉める。子供たちは菓子とトシダマをもらって帰る。トシダマはお金が入っていて、子供にとってはうれしい行事であるという。

その行事も、最近は子供の数が減り、豆まきを行う家もずいぶん減ったらしい。三國さんのところは孫がいるので、この行事がなくならないように伝えていきたいと語っておられた。また、この節分行事では、イワシの頭を四隅に刺すとともに、7kmほど北の菅並《すがなみ》にある曹洞宗中本山塩谷山《えんこくざん》洞壽院《とうじゅいん》でいただく「立《りっ》春大吉《しゅんだいきち》」、「鎭防《ちんぼう》巛《か》燭《しょく》（鎭防火燭）」の2枚の札を玄関に貼る。

節分に玄関に貼るお札。「立春大吉」と、火伏の「鎭防火燭」

下丹生は山に囲まれた川沿いの小さな農村である。山村というほど山中にあるわけでもなく、里の名にふさわしいのどかな村である。各地で限界集落は増加しているが、街に近い村は道路の整備により生活圏に取り込まれ都市化している。村の人々の暮らしが改善される中で、行事が継承されなくなり村の習慣も薄れていく。

村の生活や行事の継承には随分苦労もあると思うが、伝統や里山の利用に積極的に取り組み、楽しげに明るく語られる三國佳未さんの姿を見て、利便性や機能性だけではなく文化として残すべきものが里や里山には多くあり、その再発見と継承に努めなければならないと強く感じる訪問であった。

p59
アユ釣りで名の知られた高時川、
上流を望む。
左手に下丹生の集落がある
写真：加納俊輔

写真：加納俊輔


三國佳未《みくによしみ》さん

滋賀県長浜市余呉町下丹生在住。郷土食の研究家で郷土食をさまざまな場で紹介し保存に努める。50人近い参加者がある郷土食と演奏会を融合させた食べる音楽会「タベオト」を主催。小学生の民泊を引き受け、毎年街の小学生の農村体験の場を提供。ドライフラワー作家としても活躍。


**参考文献等**


滋賀県ホームページ
http://www.pref.shiga.lg.jp/g/nosan/joukyou.html
野生獣による農作物被害の状況（2018年）
野生獣による農業被害防止対策の手引き（平成21年3月）2018年7月21日閲覧
寒川辰清編・小島捨市校注『近江輿地志略』（歴史図書社 1968年）
瀬川欣一『近江の昔ものがたり』（サンライズ出版 1999年）
新谷尚紀・関沢まゆみ編『民俗小辞典 食』（吉川弘文館 2013年）
橋本鉄男『日本の民俗 滋賀』（第一法規出版 1972年）

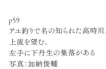

「木曽海道六十九次」のうち「今須宿」 部分 歌川広重筆

# 旧跡 寝物語の里

近江学研究所研究員
小嵜善通

標柱と寝物語の里（長久寺）の町並み

寝物語の里は、近江と美濃のまさに国境《くにざかい》の地に所在する。旧中山道柏《かしわ》原《ばら》宿（近江）の東にあり、今須《います》宿（美濃）の西端である。現在でいうとJR柏原駅と関ヶ原駅との間、地名では滋賀県米原市長久寺《ちょうきゅうじ》と岐阜県不破郡関ケ原町大字今須とが接する地にあたる。

国内の旧国境というものは、海や河川、山岳、峠など、およそ自然の要害をなしているところが多く、国境に家屋が立ち並んでいることは稀《まれ》であったと思われる。ところが、この寝物語の里あたりは傾斜が緩やかで峠というほどのこともなく、谷あいもまた少しばかり広やかである。これほどのんびりとした国境も珍しい。古代に畿内防御の要の一つとして不破の関が置かれたのも、また近世に関ヶ原の戦が行われたのも、大軍の移動が比較的容易であったこの地形ゆえであったろうと思われる。

## 国境は幅二尺の小溝

寝物語の里の東端近くに、幅二尺（60cm）の水路が、旧中山道とクロスして南北に走っている。古来、その小溝をまたいで西側が近江国、東側が美濃国である。現在その小溝の両側（道路の南側）に標柱が立つ。西側のものは、

「近江美濃両国境寝物語　近江国長久寺村」（表）
「平成十五年十一月吉日　山東町再建」（裏）

とあり、東側のものは、

「舊蹟寝物語美濃国不破郡今須村」（表）
「明治三十六年八月建之」（裏）

とある。

寝物語の里　国境に立つ標柱と小溝

ところで、享保19年（1734）に膳所《ぜぜ》藩の寒川辰清《さむかわときよ》（1697–1739）が編纂《へんさん》した『近江輿地志略《おうみよちしりゃく》』に長久寺村の項がある。少し長いが、寝物語の里についての基本史料でもあり以下に全文を引用する。

長久寺村　柏原の東にあり。寝物語といふは是也。古昔此辺に両国山長久寺といふ寺ありし故今村の名となれり。長競《たけくらべ》とも寝物語ともいふ。近江美濃両国の境也。家数二十五軒あり。五軒は美濃の国地、二十軒は近江の国地なり。美濃国よりは専ら寝物語といふ。蓋壁一重を隔て美濃近江両国の者寝ながら物語をすといふ事、畢竟相近きの謂也。両国の境には僅に小溝一を距つ。五軒の家は美濃なまりの詞を用ひ、専ら金を遣うて銀を通用せず。二十軒は近江詞にして銀を通用す。たけ競べと号する事は一説には彌高護国寺真言　成菩提院天台　妙応寺禅宗　長久寺浄土　この四箇寺の碩学論議問答する事を己がたけくらべといへば此謂なりと云う。又一説には美濃近江の山、嶽競《たけくらべ》すといふ義なりと云う。【藤川記】一條兼良公「右左見て行ゆけば近江美濃二つの山ぞたけ競べする」とあり是を以て見る時は美濃近江の山、嶽競するの義なるにや。

要約すると、長久寺村は別名「たけ競べ」とも「寝物語」とも称され、近江側に20軒、美濃側に5軒の家屋があった。そして国境の小溝を隔てて壁越しに近江美濃両国の者が寝ながら会話ができた。また経済圏として近江側は上方《かみがた》中心の銀本位制、美濃側は江戸中心の金本位制であり、言語もそれぞれ近江ことば、美濃ことばと異なっていたという。

東西の文化経済の大きな分かれ目がこの地の小溝一つであり、壁越しに夜中でも交流しえたというギャップの面白さ、不思議さが魅力であったのであろう。このあたりのことは司馬遼太郎氏も『街道をゆく』シリーズの『近江散歩　寝物語の里』で触れており、裏千家13世千宗室の三男故井口海仙氏から寝物語という銘をもつ茶杓《ちゃしゃく》の存在を知らされたことを紹介している。1本は近江の竹、もう1本は美濃の竹で作られ、一つの筒に納められていることから名付けられたもので、筒書付に「寝モノ語、美濃ト近江ノ竹トナレバナリ」とある。裏千家4世仙叟宗室《せんそうそうしつ》（1622–1697）の作とされることから、寝物語の里の名は、史料的に『近江輿地志略』成立以前の17世紀後半あたりにまでさかのぼることになる。

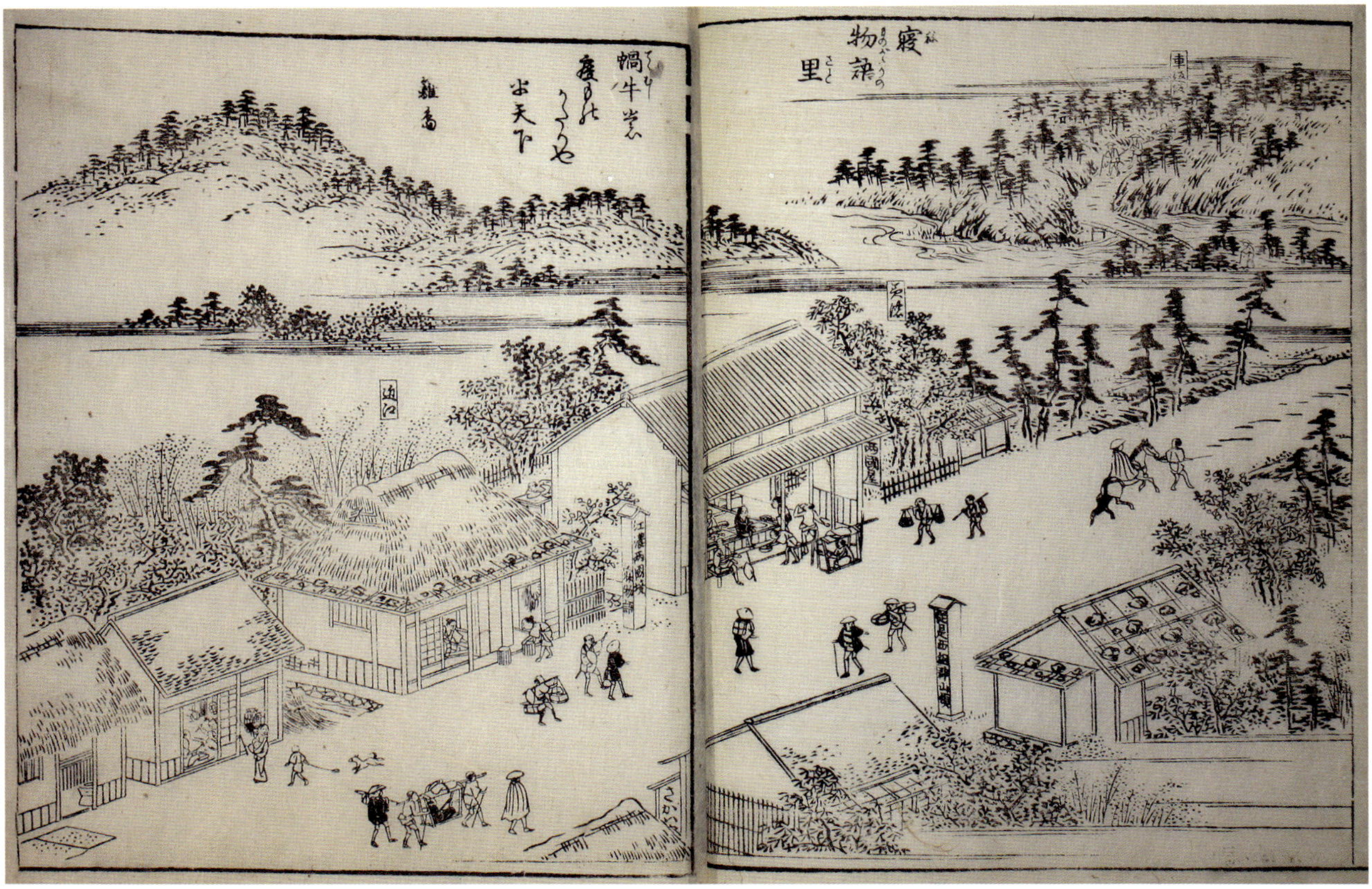

『木曽路名所図会』巻二（大津市歴史博物館所蔵）にみえる寝物語の里

## 描かれた「寝物語の里」

天保6年から13年(1835―1842)頃の制作とされる浮世絵版画「木曽海道六十九次」のうち、歌川広重（1797―1858）による「今須」は今須宿そのものではなく寝物語の里を描いたものである。前方が下り坂になっていることから、国境を西方の近江側から捉えたものと思われ、画面に「江濃両国境」「寝物語由来」「不破之関屋」「仙女香　美玄香　坂本氏」などの文字が見える。このうち仙女香は白粉、美玄香は白髪染で、ともに江戸京橋南伝馬町三丁目の稲荷新道にあった坂本氏から発売されていたもので、広重の「東海道五十三次　関」など、当時の他の浮世絵にもしばしばその名が確認される。ちなみに仙女香は歌舞伎の名女形3代目瀬川菊之丞（1751―1810）の俳名「仙女」から名付けられたものという。大量生産された浮世絵は、こうした商品の宣伝媒体ともなっていたようである。

文化2年（1805）刊行の『木曽路名所図会《ずえ》』巻二にも寝物語の里の光景が西南方向から俯瞰《ふかん》的に描かれている。中山道の南北両側に国境を示す標柱が立ち、北側には標柱を挟んで旅籠が2軒描かれる。美濃側の旅籠は「両国屋」という看板を掲げている。その左隣、近江側の旅籠は「かめや」という屋号であったらしい。また、その向かいの旅籠には「さかいや」という看板も見える。標柱の文字は北側には「江濃両国境」「寝物語」、南側には「従是西南郡山領」と記されている。当時、国境より西南の柏原周辺は大和《やまと》郡山《こおりやま》柳沢藩の領地であった。

## 寝物語のエピソード

国境の小溝から少し近江側に入った北側に寝物語の由来を記した石碑がある。平成4年（1992）に当時の滋賀県坂田郡山東町が設置した新しいものであるが、そこには寝物語の由来の一つとして、

平治の乱（一一五九）後、源義朝を追って来た常盤御前が「夜ふけに隣り宿の話声から家来の江田行義と気付き奇遇を喜んだ」所とも「源義経を追って来た静御前が江田源蔵と巡り会った」所とも伝えられています。

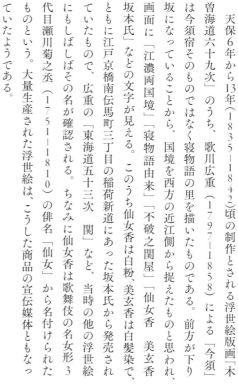

近江側にある石碑

『木曽路名所図会』巻二 部分（大津市歴史博物館所蔵）

「木曽海道六十九次」のうち「今須宿」全図 歌川広重筆

という一節がある。常盤《ときわ》御前と江田行義とでは時代が合わない点、もとより無理があるのだが、同様のことは前出『木曽路名所図会』寝物語の里の項にも、

此里に義経の愛妾静江田源蔵に過しなどいふ里談あれども取らず

とあり、史実とは別にこうしたエピソードが19世紀初めには生まれていたことがわかる。常盤御前と静御前、ともに源家大将の愛妾《あいしょう》である点や、悲劇のヒロインであった点など共通点も多く、絵画作品にもよく描かれ、庶民にも親しまれていたことがエピソード誕生の背景にあるように思われる。常盤御前といえば、岩佐又兵衛筆「山中常盤物語絵巻」（MOA美術館所蔵）が有名であるが、今須宿と関ヶ原宿との間、旧山中村に常盤御前のものと伝える墓が存在することもエピソード誕生に関係しているように思われる。

寝物語の里の国境美濃側にあった宿屋両国屋では、寝物語の由来を記した次のような一枚物の刷物《すりもの》をつくり配布していた。

寝物語の由来

此所を寝物語と申は、江濃軒相隣り壁を隔て互に物がたりをすれば其詞《ことば》通じ問答自由なるゆへなり。むかし源義経卿東へくだり給ひしとき、江田源蔵廣成といひし人、御後をしたひ奥へ下らんとて此所に一宿し此屋の主《あるじ》と夜もすから物語せしうち、ふと其姓名をなのる。隣国の家に泊り合せし人これを聞、扨《さて》は江田源蔵殿なるか、我社《われこそ》義経卿の御情をうけし静と申もの也。君の御後をしたひ是まで来りしが付添し侍は道にて敵《かたき》の為にうたれぬ。我も覚悟を極め懐剣に手をかけしが、いやいや何とぞして命のうちに今一度君にまみへ奉らんと虎口の難をのがれ漸《ようやく》これまで来りしなり。おもひもよらず隣家にて其方のねものがたりをきくうれしさ、これ偏《ひとえ》に佛神の御引合《ひきあわせ》ならん。此うへは我をも伴ひ給はれと有ければ源蔵聞て扱は静御前にてましますか。此程の御ものおもひおしはかり、御いたはしくこそ、此うへは御心安かれ是より御供仕らんと夜もすがら壁を隔てものがたりし、翌日此所を御たちありしよりこのかた、此所を美濃と近江の国境寝物かたりとは申伝るなり。其のちも度々ねものかたりの舊記名所たるにより上聞に達し、

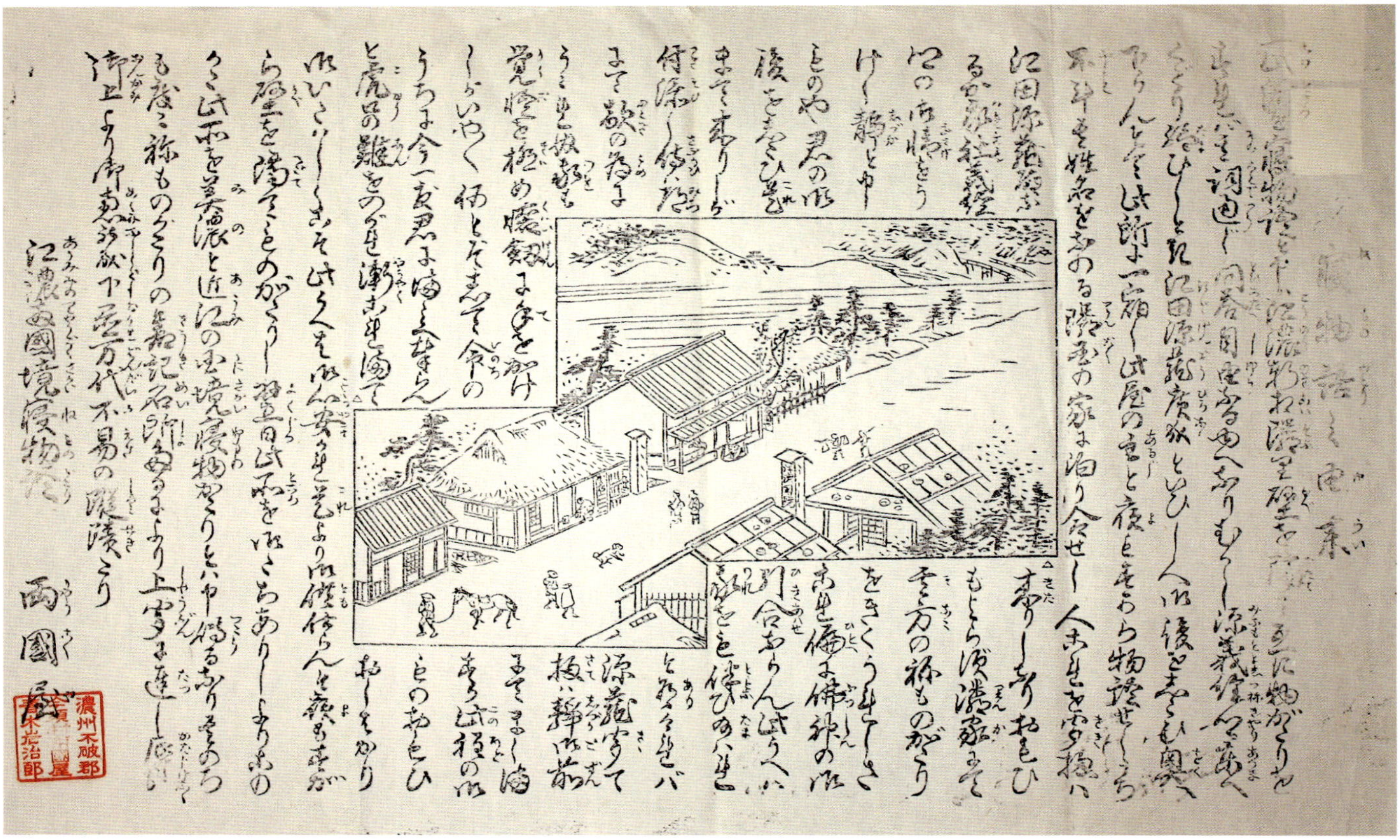


両国屋が配っていた刷物「寝物語の由来」（関ケ原町歴史民俗資料館所蔵）

辱《かたじけなく》も御上より御恵被成下置《なしくだしおかれ》万代不易の蹤蹟《しょうせき》たり。
江濃両国境寝物語　両国屋

この刷物は挿図が『木曽路名所図会』のものと類似することから江戸時代末期のものと考えられるが、末尾に押された「濃州不破郡今須村両国屋青木岩治郎」という印章は明治以降のものであろう。歌舞伎や浮世絵などにも登場し、庶民にも人気のあった人物を登場させるエピソードは、いかにも情報に敏感な近江商人（両国屋は美濃であるが）らしい宣伝活動であったといえよう。

江戸時代末期以降、「寝物語の里」は人口に膾炙《かいしゃ》していたらしく、特に旅ものの多い十返舎一九（1765–1831）は気に入っていたのか、文化10年（1813）の『木曽街道続膝栗毛』四編上巻をはじめ、没後の明治18年（1885）に出版された作品にも『美濃近江国堺寝物語』というタイトルのものがある。また長期にわたり執筆され未完に終わったことでも有名な中里介山（1885–1944）の『大菩薩峠』（不破の関の巻）にも登場している。美術作品では川喜田半泥子《かわきたはんでいし》（1878–1963）の抹茶茶碗に「寝物語」という銘をもつものがある（石水《せきすい》博物館所蔵）が、これは二つの国の陶土を用いて左右半分ずつ合体させた片身替《かたみがわり》茶碗である。

最初に、国境の美濃側に立つ石碑の表に「舊蹟寝物語美濃国不破郡今須村」、裏に「明治三十六年八月建之」とあると書いた。このことから寝物語の里は、明治36年（1903）にはすでに旧跡と称されていたことがわかる。そのあたり想像を巡らすと、鉄道の関ヶ原駅開業が明治16年であり、同年関ヶ原駅西方の路線が現在とは異なる経路で長浜と直接繋がった。関ヶ原駅から現在の路線が新設され、柏原駅が開業されるのは明治33年である。この間、中山道は大動脈としての役割を次第に終え、集落も宿場としての機能を失っていったものと考えられる。こうして寝物語の里は旧跡となっていったのであろう。

# 蒲生野の里を訪ねて

写真家 寿福 滋

教林坊

教林坊(近江八幡市安土町)

額田王《ぬかたのおおきみ》が大海人皇子《おおあまのおうじ》に歌を贈ったことで知られる蒲生野。

近江の里山を愛した白洲正子は、昭和44年(1969)から『芸術新潮』誌上で紀行文「かくれ里」の連載を開始した。2年にわたる連載を経て、昭和46年に単行本化された。

「石の寺」と題した回では、歌枕で名高い老蘇《おいそ》の森を経て繖山《きぬがさやま》の麓にある教林坊を訪ねている。その頃「おかつさん」と呼ばれる女性の寺守の方がいて、女性らしい、かわいい芳名録に、町田市の住所とともにその名が記載されている。

その後、無住寺となり荒れ果てていたが、若き青年僧が住職となり、荒れ寺復興に邁進《まいしん》された。横穴式石室を利用したような岩窟《がんくつ》に、御本尊が祀《まつ》られ、庭園は桃山様式の池泉《ちせん》鑑賞式で山麓の森に融合している。紅葉の頃は、さまざまな名の貝合わせが空から舞い降りたような色とりどりの落ち葉が境内を埋めつくし、靴を脱いで散策したくなるほどだ。

古の蒲生野は繖山の南、雪野山の東、愛知《えち》川に至るまでと考えられ、石の名品を数多残されている。なかでも石塔寺の三重石塔は日本最古とされ、太郎坊宮の夫婦岩《めおといわ》は、間を抜けるときに霊気すら感じる。

紫色に霞《かす》む蒲生野で遊猟が行われ、その時に額田王と大海人皇子の相聞《そうもんか》歌が詠まれた。天智《てんじ》天皇の後宮に入った額田王、大海人皇子とは過去に結婚していて一児をもうけている。万葉ロマンを掻《か》き立てるが、この三角関係が古代日本最大の戦い、壬申《じんしん》の乱に繋がるのだろうか。大海人皇子は東国の豪族を率い、神秘的な力を発揮し、大津に迫って、天智天皇の息子である大友皇子を自害させた。大海人皇子は天武天皇となり、飛鳥浄御原《あすかきよみはら》に朝を築いた。蒲生野に残されている布施溜《ふせだめ》は、飛鳥の風景によく似ている。この蒲生野の景色は、飛鳥に結びつくのだろうか。

教林坊に伝わる白洲正子の名前が記載された昭和44年1月の芳名録

教林坊 室内より

太郎坊より蒲生野を望む（東近江市小脇町）

万葉の森 船岡山（東近江市糠塚町）

老蘇の森（近江八幡市安土町）

太郎坊 宮の夫婦岩（東近江市小脇町）

石塔寺（東近江市石塔町）

鬼室神社（蒲生郡日野町）

布施溜（東近江市布施町）

十三仏（近江八幡市安土町）

# 近江の風景を描く
## ―白洲正子の世界

近江学研究所所長
西久松吉雄

油日神社高野槙

白洲正子著『かくれ里』の中には、石に関しての記述が多く見受けられる。奥石《おいそ》神社、繖山《きぬがさやま》の観音正寺、教林坊、桑実寺《くわのみでら》、石馬寺《いしばじ》などは石をめぐる一つの世界という。石塔寺《いしどうじ》の三重塔、関寺の牛塔、富川磨崖仏《とみかわまがいぶつ》、狛坂《こまさか》廃寺磨崖仏、比叡山西塔の弥勒菩薩石仏、穴太衆《あのうしゅう》による坂本の石垣、日吉大社の石橋、鵜川《うかわ》の四十八体仏《しじゅうはったいぶつ》、太郎坊宮の夫婦岩《めおといわ》などの記述もある。いにしえの近江の風景が垣間見えるその場を訪ねてみたい心境になり、こころに感じた風景を描き歩いた。

※以下の引用文は、白洲正子著『かくれ里』（1991年）・『近江山河抄』（1994年）ともに講談社文芸文庫による。いくつかの漢字にはルビを加えた。

## 櫟野寺と油日神社の高野槙

櫟野寺《らくやじ》は、イチイノデラともラクヤジともいう。その名に背かず、境内には、樹齢千年と称する櫟がそびえ、そのかたわらに、見たこともないような大木の槙も立っている。（中略）この辺りは今でも樹木が多く、うっそうとした感じの所だが、櫟野の名が示すとおり、かつては櫟《くぬぎ》の原始林におおわれた秘境であった。大仏建立の折も、叡山創立の際にも、用材は伊賀・甲賀の地域に求められたのである。そういう土地には、樹木に対する根強い信仰が生きていたに違いない。生木に仏を彫るという、立木観音の信仰は、近江には特にたくさん見うけられるが、かりに伝説であるにしろ、これはおもしろい思想だと思う。

（『かくれ里』収録「油日から櫟野へ」より）

油日神社写生風景

新名神高速道路の甲賀土山ICから程近いところに櫟野寺がある。新たになった宝物殿には、県内最大の座仏といわれる秘仏本尊の木造十一面観音坐像がおられる。平安時代初期の作で国の重要文化財である。残念ながらご拝顔することはできなかったが、平安時代の重要文化財の木造聖観音立像などが20体ほどあり、平安仏の大小の観音像に囲まれて圧巻という感じであった。境内の巨木は台風で折れたらしく、その雄壮な姿は見られなかった。

そこからすぐ近くの油日《あぶらひ》神社に行くと地域の人たちが神社の清掃活動をされていた。5月1日は祭礼があるとのことで、拝殿に神輿が2基あった。本殿の脇に高野槙《こうやまき》の立派な御神木があり、高野山に美しい純林があることから名付けられたという。樹齢約750年、樹高35m、幹周6・5mの巨樹である。甲賀市の天然記念物に指定されている。また、境内には櫟や槙、楠《くすのき》の巨木が多く、油日岳山頂の岳大《だけだい》明神《みょうじん》が祀ってある奥宮に対して里宮の油日神社である。古社の風格ある室町時代の神社建築の楼門、回廊、拝殿、本殿が並び、荘厳な空気が流れる風景であった。

上・下　石塔寺石仏石塔群

石塔寺阿育王塔｜写生：西久松綾

## 石塔寺の石塔

石塔寺へ最初に行ったのは、ずいぶんの前のことだが、あの端正な白鳳の塔を見て、私ははじめて石の美しさを知った。朝鮮にも、似たような塔はあるが、味といい、姿といい、これは日本のものとしかいいようがなく、歴史や風土が人間に及ぼす影響を今さらのように痛感した。
（『かくれ里』収録「石をたずねて」より）

名神高速道路の蒲生《がもう》スマートICを下り、葺石《ふきいし》がめぐらしてある円墳や方墳がある、あかね古墳公園を左に見ながら田畑の中の道路を進み、5月上旬の心地よい春の日差しが降り注ぐ日に、この石塔寺を訪れた。思い描いていた里の牧歌的な風景の中にあり、静寂な空間の中で石塔や石仏の圧倒される数の多さに浄土の世界を感じる。パンフレットには「石塔寺阿育王塔《あしょかおうとう》（国重文）総高七・五メートルは寺伝によれば釈迦御入滅後二百年後に印度の阿育王が仏法に深く帰依し、八万四千の塔を造り、仏舎利を納めて世界に撒《ま》き給《たま》ふと。日本に二基来るうち一基は当山中に埋まれり」とある。確かに阿育王塔は、少し黄土色を帯びた石の色と形に魅惑の香りがした。

日吉大社参道の大将軍神社スダジイの巨樹

日吉大社大宮橋

日吉大社東本宮前の磐座

日吉大社走井橋・走井杉

## 日吉大社の石造三橋
## （大宮橋・走井橋・二宮橋）

近江には、優れた石仏が多く、狛坂廃寺の石仏（奈良時代）をはじめ、花園山中の不動明王（鎌倉）、比叡山西塔の弥勒《みろく》菩薩（鎌倉）、鵜川の四十八体仏（室町）など、それぞれの時代にわたって、美しい作を見ることが出来る。石仏だけでなく、他の石造美術にも傑作が多いが、中でも特筆すべきは、日吉神社の石橋であろう。これは天正年間に、秀吉が奉納したもので、一の鳥居を入ったところ、紅葉にかこまれた大宮川の清流にかかっている。上流から、大宮橋、走《はしり》井《い》橋《ばし》、二の宮橋の順に並び、堂々としていながら少しも重苦しさを感じさせせない。

（『かくれ里』収録「石をたずねて」より）

JR比叡山坂本駅から徒歩で日吉大社に行く。参道には、大将軍神社のスダジイの巨樹や遮《しゃ》那《な》王《おう》大《おお》杉《すぎ》（幹周5・5m）などの巨木が多い。桜と牡丹が咲ききった後のツツジと新緑のもみじが美しい日吉大社の境内を散策する。大宮橋の下流には走《はしり》井《い》杉《すぎ》（樹高34m）があり、この大きな杉の幹が走井橋の上に横たわっている姿は臥龍《がりゅう》杉のような様相である。二宮《にのみや》橋からは東本宮に続く参道が見渡せた。

日吉大社二宮橋

日吉大社参道の遮那王大杉

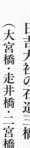

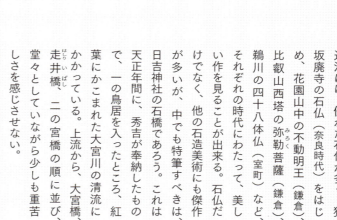

## 西教寺の阿弥陀来迎二十五菩薩石仏
## （桃山時代・笏谷石）

来迎寺から坂本へかけては、浄土信仰がくまなく行渡っており、西教寺《さいきょうじ》もその一つである。密教寺院のおごそかなのに比べて、心休まるものがあり、この寺にも明るい空気が流れている。（中略）ここで人の心をひくのは、石垣の上に並ぶ石仏群である。銘文によると、天正十二年、栗本郡の富田なにがしが、自分の娘の菩提を弔うために建てたものとかで、阿弥陀仏を中心に、菩薩たちが楽器をかなでている。何々童女とあるのは、年端《とし は》も行かぬ頃亡くなったのか、仏たちの上にもあどけない表情があらわれ、見る人々の涙をさそう。

（『近江山河抄』収録「日枝の山道」より）

西教寺 阿弥陀二十五菩薩石仏
右 観自在菩薩、阿弥陀如来、大勢至菩薩、光明王菩薩、三昧王菩薩
上 写真：寿福 滋
下 獅子吼菩薩、山海慧菩薩、虚空蔵菩薩、衆宝王菩薩

日吉大社から三上山を見渡せる場所にある八講堂《はっこうどう》跡の千体地蔵石仏群を訪れ、西教寺に行った。境内には新しい二十五菩薩石仏群が復元され、平成16年（2004）に法要開眼後、安置されている。明るい境内の雰囲気の中で、高野山の阿弥陀聖衆《しょうじゅう》来迎図《らいごう》を思い浮かべた。

天正12年（1584）の桃山時代に造られた阿弥陀来迎二十五菩薩石仏群は、書院と桃山御殿を結ぶ廊下に安置されていた。薄緑青色の笏谷石《しゃくだにいし》の風化は進んでいるが、秀麗な菩薩石仏群には違いない。この石は福井県福井市の足羽山《あすわやま》一帯から産出され、柔らかくきめが細かくて加工しやすいため室町時代には優れた石造や石彫が作られた。約1600万年前の火山活動で降り積もった灰が固まった火山礫《かざんれき》凝灰岩《ぎょうかいがん》の笏谷石で造られた石仏群である。

上・下　阿賀神社磐座

## もうひとつの阿賀神社磐座

太郎坊の山頂にも「夫婦岩《めおといわ》」と名づける巨巌があり、二つの岩の間に、人がようやく通れるほどの参道が通っていて、その向うに本殿がのぞめる。（中略）古墳に大きな石が用いられたのも、何かそういう信仰と関係がありそうな気がする。琵琶湖のまわりは、西は比叡から比良の山麓、南は野洲《やす》から鈴鹿に至る、東は湖畔から伊吹山へかけて、至るところに古墳群がつづいている。それらは必ず大きな神社の周辺にあり、神社の前身も古墳かと思われるものが多い。

（『かくれ里』収録「石をたずねて」より）

太郎坊宮（阿賀神社）に行き、夫婦岩までの約300段ある石造の急な階段を登り巨岩の間を通り抜けた。素晴らしい眺望からは、200基ほどの古墳があるという蒲生野《がもうの》や万葉の森、船《ふな》岡山《おかやま》を見渡すことができた。太郎坊山（赤神山《あかがみやま》）頂上の奥津磐座《おきついわくら》から西南に約2km離れた船岡山にあるもうひとつの阿賀神社境内の巨石群を描く。

# 朝宮の茶
# 茶の進化
# 育む土地

近江学研究所研究員
真下武久

## 滋賀県の茶／朝宮の茶

滋賀県は日本有数の茶の名産地であり、県内には今回取り上げる朝宮や、政所《まんどころ》、土山など複数の茶の生産地を抱える。このうち朝宮は日本で古くから伝わる茶の生産地の一つであり、805年に最澄が中国から茶の種子を持ち帰り、朝宮に植えたことが朝宮茶の始まりとされる。また朝宮茶は多くの品評会で名を連ね、狭山《さやま》、静岡、宇治、八《や》女《め》と並ぶ日本五大銘茶の産地としても知られる(1)。

朝宮茶は古くから高級煎茶として親しまれる一方、高級茶であるがゆえに、お茶好きや裕福な層以外では口にすることが少なかった。また朝宮は宇治茶の生産地である宇治田原や和束《わづか》と隣接しており、生産されたお茶の多くが宇治茶として出荷されていた(2)こともあり、朝宮茶としての流通量は少なく、宇治茶などと比べて一般的な知名度は低かった。近年は、インターネットの活用なども含めたさまざまな工夫によって朝宮茶の名が一般の人にも少しずつ浸透し始めている。

## 茶生産の進化の一つ 「かたぎ古香園」の試み

茶の生産は、明治までは全国的に手摘み、手揉《も》みといった手作業によって行われていたが、幕末開国以降、生糸と茶が二大輸出品となり茶の生産量が拡大。戦中戦後に食糧不足のため一時的に生産量が減少するが、人手不足などの問題から多くの生産地で機械や農薬の導入が進んだ(3)。

そうした茶生産の変遷の中、近年、朝宮で注目されている生産者の一つに、昭和50年(1975)からお茶の農薬不使用栽培を続ける「かたぎ古香園《こうかえん》」がある。「かたぎ古香園」は、6代目当主片木明氏が、農薬を用いた近代的な栽培方法を見直し、農園の規模をある程度維持しながら農薬をまったく使用しない茶栽培を実現した。近代的農法をさらに一歩進めた「かたぎ古香園」の農薬不使用栽培は、グローバル化が進み競争が増す現在においては、特色あるお茶作りの一つとしても注目されている。そこで、ここでは「かたぎ古香園」を若い世代の視点から見続けている後継、片木隆友氏に農薬不使用栽培の魅力と「かたぎ古香園」のこれからについておうかがいし、「かたぎ古香園」と朝宮の茶

かたぎ古香園の店舗

新茶を収穫する片木隆友氏

の進化について探ってみた。

**——本日はお忙しい中ありがとうございます。まずは「かたぎ古香園」の1年間のお茶の栽培の流れについて教えてください。**

**片木隆友氏**（以下片木氏）：私たちのところでは、1月–3月あたりに肥料をまき、収穫までの間は草抜きなどの管理を行います。3月末には春番茶刈りという茶の葉の剪定《せんてい》を行って、5月のゴールデンウィークあたりから2週間ほどかけていわゆる一番茶（新茶）を収穫します。3月末に春番茶刈りをすることで、5月に新芽のみを綺麗に摘めるようにします。一番茶の摘み取りが終わると、合わせて栽培しているかぶせ茶（お茶の木に黒い寒冷紗《かんれいしゃ》を被せて栽培したもの）の摘み取りを行い、またその後、碾《てん》茶《ちゃ》（抹茶の原料）を同様に摘み取ります。最後は親子番茶（一番茶を採った後に残ったもの。一般には刈り下と呼ぶ）と呼ばれるお茶を摘み取ります。6月末には同様に2番茶を摘み取ります。2番茶を摘み取ったあとは、秋頃まで草抜きや剪定などの手入れ・管理を続け、10月頃にいわゆる秋番茶（番茶）を摘み取ります。手摘みの場合はまた異なりますが、一般的なお茶の収穫はだいたいこのような流れになります。「かたぎ古香園」では農薬は一切使わず、肥料はすべて自然由来のものを利用しています。農薬を使わないため園内には虫もいますが、自然環境と同様、虫が増えすぎることはありません。

**——「かたぎ古香園」は無農薬によるお茶の栽培に成功したことで有名ですが、一般的には、農薬を用いた栽培の方が楽なのでしょうか。**

**片木氏**：いえ、農薬を用いる場合でも、防除作業は重労働で楽というわけではありません。ただ農薬を用いた場合、お茶の色、味、外観が良くなる（審査で評価が上がり、良いお茶を作ると価格が上がる）ため、農薬を使われる農家の方は多いです。また農薬不使用栽培の場合は、収穫面積に対して収穫できる割合が、防除をした場合を100％とした時、60–80％程度になるので、農薬を使用した方が収穫効率は良いと言えます。ただ、農薬を使用しない栽培でも環境変化や例外的な病気には強く、安定した収穫ができます。これまでに収穫ができなかった年は一度もありません。

**——現在農薬不使用栽培を行なっているのは「かたぎ古香園」だけなのでしょうか。**

**片木氏**：現在は私たちのところだけでなく、他の茶農家でも農薬不使用栽培を採用されているところが増えています。父（片木明氏）が始めた頃は農薬不使用栽培による経営は不可能と思われていましたが、のちに、無農薬でも収穫・出荷ができるようになり、その様子を見ていただいたことで、農薬不使用栽培に転換された農家もあります。また、より特色あるお茶作りの方法として農薬の不使用栽培を考える方も多く、全国から栽培方法を学びに父を訪ねて来られる方も増えています。中には、農薬不使用栽培のお茶の生産者として、私たちよりも大きく成長されているところもあります。

**——隆友さんから見て「かたぎ古香園」の方法にまだ改良の余地はあるでしょうか。**

**片木氏**：基本的にはよりおいしいお茶になるようまだまだ工夫できることはあると思います。またもう少し規模を大きくすることや、「かたぎ古香園」に限らず人手不足・後継者不足の問題は依然として残されていますので、それについては考えていかなければなりません。後継者不足などにより、放置された畑も

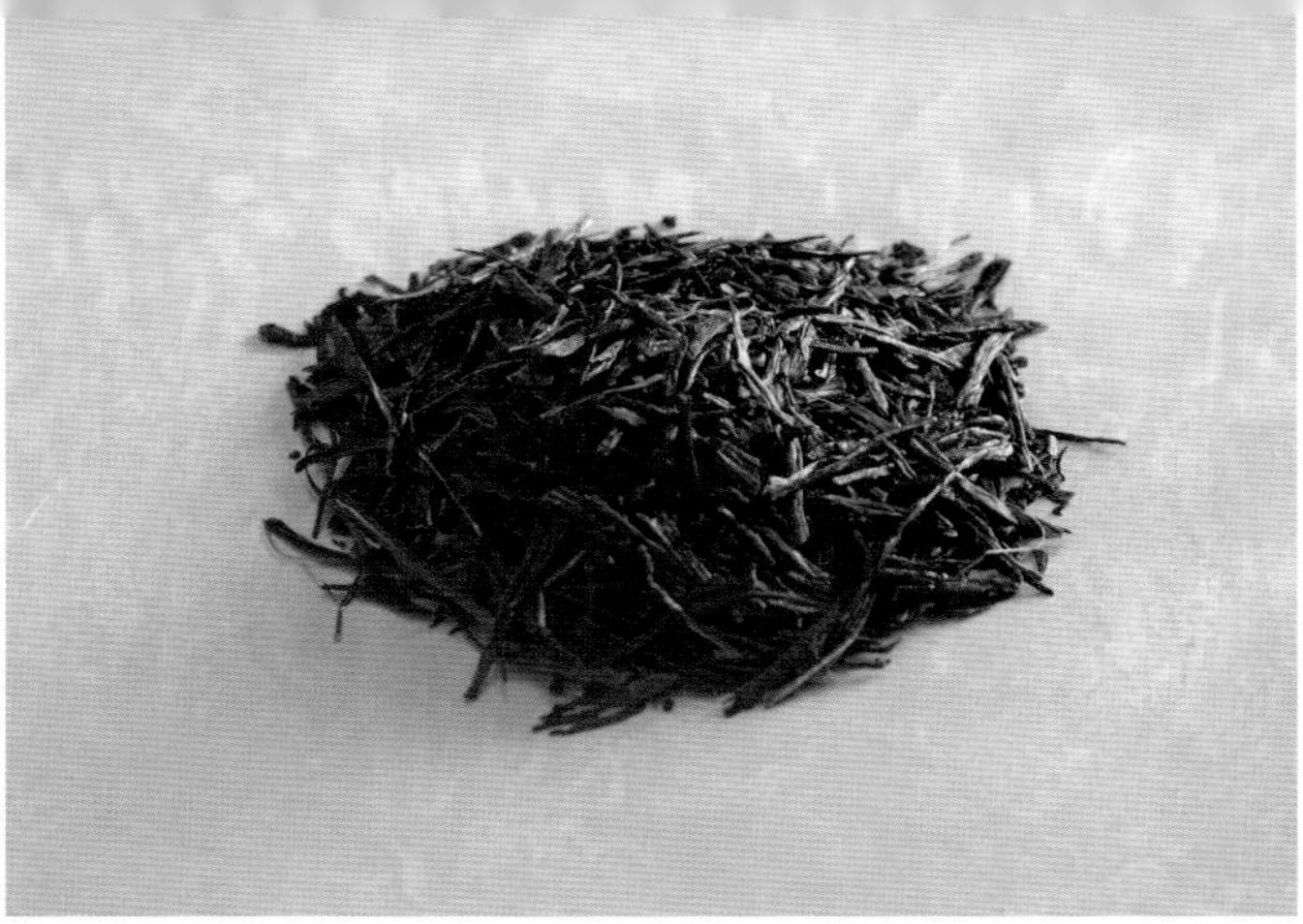

収穫され出荷された茶葉｜写真：奥村元洋

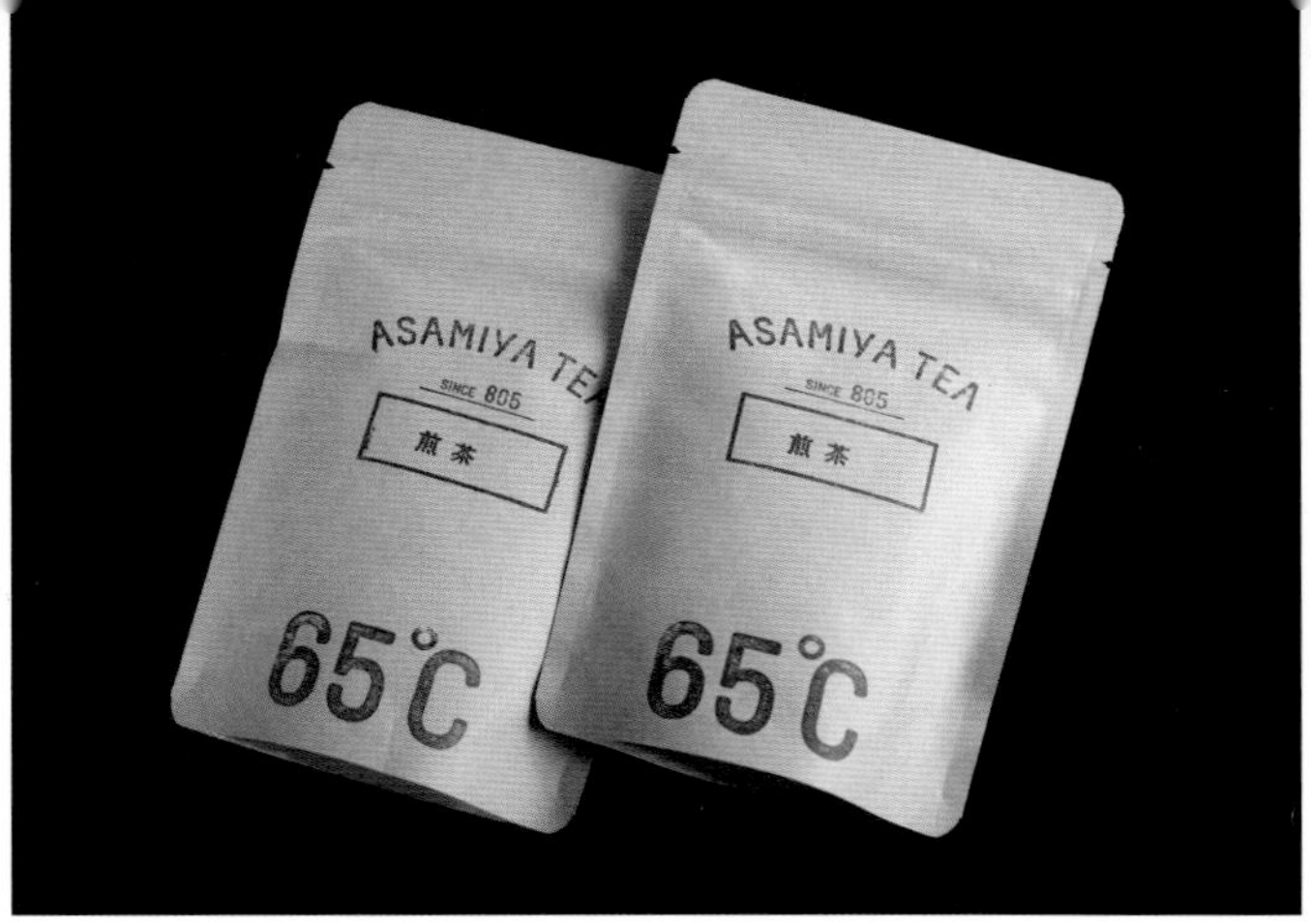


かたぎ古香園の限定パッケージ

増えていますので、それらの活用なども考える必要があります。

**――最近はさまざまな分野でAIなど新しい技術の導入が取り沙《ざ》汰《た》されていますが、そうした問題に対して新しい技術などを取り入れることに抵抗はありますか。**

片木氏：抵抗は全然ありません。最近見たものだと、もし使わせてもらえるならパワードスーツ（人間に外骨格を取り付けて筋力を補強するウェアラブル技術）なんかは使って見たいですね（笑）。朝宮の茶畑はほとんどが急斜面で機械を入れにくく、重労働ですので。

**――信楽との関係についても少しだけお聞きします。朝宮は信楽と非常に近いですが、信楽焼との接点はあるのでしょうか。**

片木氏：昔はお茶の輸送に茶壺が使われていたので、その点で関係はあったと思います。信楽焼は一般に大皿などの大きな陶器のイメージが強く、茶器のイメージは比較的少ないと思うのですが、昔から茶器を作られている作家の方や、新たに茶器の制作にかかられている陶芸家も増えています。

　また、最近の試みとしては、例えば2011年より続いている「T・E・I・B・A・N Japan classico 滋賀のモノづくり展」(4)で、信楽焼の作家をはじめ、滋賀県内のさまざまなものづくりの人たちと情報共有しながら、積極的に滋賀県外へ情報を発信するなどしています。信楽の作家さんも情報発信が必要だと感じている方も多いですし、朝宮の茶の生産者は朝宮で作っていることに自負を持っていますから、信楽のものづくりの方たちと連携して、信楽焼や朝宮茶について今後もっと多くの人に知ってもらいたいと考えています。

　片木明氏が農薬不使用栽培に挑戦した当初は収益が出ず、時には同業者から非難を浴びることもあり大変苦労したそうだ。現在では理解も少しずつ進み、片木氏の元を訪れてその方法を学び、農薬不使用栽培に取り組む生産者が全国的に広がっている。片木隆友氏は、明氏のこうした農薬不使用栽培の取り組みをそばで見続け、その魅力を確信したことで茶栽培を引き継ぐことを決めたという。現在は明氏とともに「かたぎ古香園」を発展させつつ、朝宮茶や信楽焼がより広く知られるよう、他の生産者や信楽の作家とも連携した情報発信に取り組まれている。

　生産者が品質の向上に対してどのように取り組むかは、生産者や産地によってさまざまである。昔ながらの伝統的方法を引き継ぐ場合もあれば、その時代のより良い方法を柔軟に取り入れる場合もある。今回取材した「かたぎ古香園」の農薬不使用栽培は、一見すると明治以前の栽培方法に回帰したようにも見える。しかし、近代的農法が一般化した現在においては、農薬不使用栽培という再選択がむしろ、次の時代のための、茶の進化の一つとして捉えることができるだろう。元来から高品質な茶を育むのに適した朝宮という地で改めて農薬不使用栽培をすることにこそ意味があり、朝宮の茶の品質を担保し、より高品質な茶を提供し続ける上で、外すことのできないものとなっている。

註

（1）茶（2006・6）特集がんばれ！山の茶―山間地茶業振興策（15）事例紹介―滋賀県―朝宮地域の取り組みについて、和田義彦、40

（2）山間支谷の人文地理（1970）、藤岡謙二郎編、地人書房、163–164

（3）山間支谷の人文地理（1970）、藤岡謙二郎編、地人書房、162–163

（4）T・E・I・B・A・N Japan classico展「信楽」、http://kir017533.kir.jp/wp/

# 里の生業《なりわい》
# ―受け継ぐ精神―

信楽勅旨　陶璃窯

近江学研究所研究員
石川　亮

近江の地における里を考える時、一番にイメージするのは山間から川沿いに広がる平野部でありその暮らしであろう。私は2010年頃から頻繁に山間から暮らしへとなだらかに繋がる「里山」と呼ばれる場所、すなわち自然と人間が折り合いをつけながら共存する地域へ足を運んでいる。それは琵琶湖に注がれる最深部の水源である湧水《ゆうすい》を探し出す研究に他ならない。当初は「水」という生命保持に最も必要なエレメントを世界の各地からとり出し、その固有性と普遍性、全体性を彫刻作品として表現するアイデアの着想から始まった。

今日ではその固有性から地域の暮らし、民俗、歴史、伝統、文化、様式などを掘り起こしていく要因になっており、水源から地域を調べだすことは各地のさまざまな場所と比較対照する上で面白い基点となっている。そのような場で湧水を汲《く》んでいると近隣の人とお話しする機会に恵まれる。そこで話が弾み、家に招いていただき必ず出していただくのが「煎茶《せんちゃ》」である。ゆっくりと時間をかけて淹《い》れていただくのだが、そこで使われる煎茶器にいつも目がいく。お盆に急須、湯冷ましと数客の杯と呼ばれる小さな湯飲み茶碗が並べられ、充分に冷まされた湯を急須に注いでからゆっくりと淹《い》れられる光景を思い出す。後から気づくことになるのだが、そこで使用された煎茶器は茶の香りや味を損なわないように工夫されて作られたものであることがわかる。その土地でとれる水、茶葉の個性を損なわないように作られた煎茶器はまさに「里山」にて自然と人間が折り合いを付けながら共存する接点といえよう。

では、そのような煎茶器は一体どこに行けばあるのか、そのようなものづくりを「生業《なりわい》」とする人はどこにおられるのか、その問いから数年経ち、近年ようやくたどり着くことができた。その作陶家であり職人を訪ね「里の生業—受け継ぐ精神—」として紹介したい。

## 信楽 勅旨というところ

近江の地における焼き物と言えば日本六古窯の一つにあげられる「信楽」である。その名は「紫香楽宮《しがらきのみや》」にあるとおり奈良時代にさかのぼり、聖武《しょうむ》天皇が離宮を造営した地でもある。奈良、山城そして畿内、東海地方への中継点でもあり交通の要衝であることは言うまでもない。さらにこの地は、現在の滋賀県と三重県の県境あたりの古琵琶湖層と呼ばれる土壌が広がっており、良質な土が豊富であることから信楽が焼き物、作陶に適した場であることは容易に想像がつく。本格的な歴史は硬質陶器が焼かれた中世からといって良いだろう。室町、安土桃山時代以降は茶道の隆盛もあり「茶陶《ちゃとう》信楽」と呼ばれた。

次に地名である現在の「信楽」は長野地区を中心に、雲井《くもい》、小原《こはら》、朝《あさ》宮《みや》、多羅尾《たらお》と呼ばれる地区が集まっている。紫香楽宮に位置する雲井はその名が示すように禁中、宮中（皇居のある所）、宮町は宮殿、牧《まき》は皇室の牧場、勅旨《ちょくし》（天皇の命令書）は勅旨田、皇室の田と考えられ、今日もその地名が歴史を伝えていると言えよう。

話を焼き物に戻そう。一般的に信楽焼と言えば、特有の土味をみせ緋《ひ》色《いろ》で自然釉がかかった壺などがイメージできる。これは主として大物づくりの長野で多く見られる。対して勅旨では神仏器や灯明器、酒器、碗などの小物作りを中心とすることで知られている。江戸時代後期に発達するが一度は衰退、今日もその技術を継承する窯が数件残っている。中でも第二次大戦後から2代にわたってその伝統技術を継承し小物の中でも主として実用と美をあわせ持つ茶器を作る大西家、陶璃窯《とうりがま》に迫りたい。

お茶を淹れる忠左氏（忠左Ⅱ型の煎茶器）

## 用の美への追求
## ―陶璃窯 大西忠左氏―

私は、「煎茶の香りを楽しみたい。無農薬の在来種を飲みたい」という思いから、近江の地で育った茶をその地の土を用い、その地の職人の手によって生まれた煎茶器を探し当てようとした。当然お茶を楽しみたいのであるから、実用であることが大事だ。「華美」や「侘《わ》び」と言った趣味嗜好《しこう》や唯一性という個性はいらない。普段着でありながらも失礼のないとでも喩《たと》えようか、そのような道具を求めていた。

近江はそのような感覚に敏感で理解を示す職人やクリエイターが多くいる。その人たちとのご縁で運良く「こういうことでしょ！」と紹介を受けたのが、大津市内の茶舗に並ぶ白釉煎茶器揃《ぞろ》えである。それは御歳92歳で現役の作陶家、大西忠左《ちゅうざ》氏による代表作「忠左Ⅱ型」（以下、Ⅱ型）と呼ばれるものだ。

早速窯元へ連絡を取り、事情を話すと初めての私を迎え入れていただいた。居間へ通されると、来訪者用に用意してあるⅡ型で新茶を忠左氏自身から淹れていただくことになる。Ⅱ型の宝瓶《ほうひん》（把手のない急須）から茶碗に注がれた朝宮かぶせ茶をいただいた。

しばらく無言の時間が続いたが、お茶を口に含むと少し緊張が解け会話が始まった。忠左さんから「私の（作るもの）は全部図面があります」とおっしゃられた。すべて計画的に作られているとのこと。それらの数々を見せていただくと、大きさや形の厚みの変化、バランス、注意点などが詳細に指示されている独特の図面である。

そして、Ⅱ型の杯と宝瓶を手にして「これはサボリのための道具や！」とおっしゃられた。「さっとお茶が捨てられ、ゴシゴシ洗えます。これが一般の家庭で求められていることや！　この形にたどり着くのにいろいろ工夫しましたわ！（宝瓶が）少し浅いのは茶を一滴残らず絞り出せること、縁が少し立ち上がっているのは持ちやすくしてるんや！」と。

それからお話は、作陶の仕事を始めだした頃のことに移っていく。戦後まもなく大阪の軍需工場から信楽へ戻ってくると、忠左さんの父親が勅旨の窯業《ようぎょう》会社の要職に就いていたことが縁となった。会社の登り窯の最上段のさらに上に「ヤドカ」と呼ばれる室を設け、そこを使うことができたそうだ。その室では大きな熱量で均質に焼成するこ

上から
仕事場にて忠左氏
図面を見せる忠左氏
石仏を前に仕事をする忠左氏

轆轤仕事をする忠左氏

とができた。「それがあったから僕は小物を一定に均質に仕上げていく研究ができて、技術が身についたんや!」と。

次に土のことであるが、信楽特有の粗い感じとはまったく違う磁器のような繊細さがII型から見てとれる。これについても「粘土の鉱床まで行き、それを掻《か》き出し、荷車に積んで持ち帰った。それを水簸《すいひ》(法)で100から120番の目でこして自分でええ土を作りよった」と話された。水中に粘土を入れ、石膏《せっこう》で水を吸わせながらフィルタリングして細かい粘土を獲得する方法である。戦後、自分に与えられた環境を活かしながら、昭和40年代に入ってから受け継いだ土地(農地)に仕事場を構え現在に至っている。

その後、小物づくりの仕事部屋に案内され「うづくまる」と呼ばれる小さな壺を轆轤《ろくろ》仕事で作る様子を見せていただいた。最近はペースダウンしているようだが、「作りたいものをやりたいんや!」と言いながらも、「頼まれたらやるよ!」と気さくに微笑む様子に作陶家というより職人の魂を感じた。

2012年、滋賀県立陶芸の森陶芸館にて開催された特別展「しがらきII—大西忠左と勅旨の

左朗氏の仕事場にて

名工たち―冴《さ》えわたる名工の技と美にめぐりあう―」において、その仕事（生業）の評価を受けている。甲賀市無形文化財技術保持者である。

忠左さんの轆轤の前にそっと石仏がおかれていた。暮らしと生業、祈りが一体となって日々作品が生まれているのだ。

## 信楽でつくること
## ―陶璃窯 大西左朗氏―

陶璃窯にはもう一人、作陶家がいる。忠左さんの仕事場とは別棟に仕事場を構える息子の左《さ》朗《とき》さんは、首都圏などさまざまな地域で展示会に呼ばれる気鋭の作陶家である。大学卒業後、90年代は作家性を強く出していけた時代、大型の陶立体を制作するなどさまざまな土における研究や表現を模索した時期を経て現在に至っている。

そのかたわら、小物作りも欠かさず続けられていた。「さまざまなことに手を出しつつ、父親のやってきた仕事や技術の修練も当然できるようになっておく必要があったんです」と打ち明けられた。

仕事場の入り口には、何やら土の塊がさまざまな袋に入れられ積まれている。「僕、土コレクターなんです。なんの儲《もう》けにもなりませんが……」。一瞬その話題をやり過ごすところだったが、私は喰いついた。「もしかして信楽の土って少なくなってきているとか？」と愚問を投げかけると、「私の感覚では、ほぼ枯渇《こかつ》といってよいでしょう！」と即答された。「現在流通している土は、信楽土の特徴を活かしながら石英や長石の混ざった粗いものなどさまざまな土がブレンドされ、白土の様相に調整されているものといってよいと思います。父親が鉱床まで行き掘り返していた土とは似ているかもしれませんが、あのような土はないと言ってよいでしょう」と話された。

少し時間をおいて、左朗さんは続けた。「そのこともあって信楽で仕事をするからこそ、土にこだわりたいと思ったのです」。昔は良質な土をめぐっての諍《いさか》いもあったと聞く。「信楽から三重県方向へ入った付近の三郷山《さんごうやま》は、日々県境の立て札の位置が変わるなどの話も聞いています。いまでは笑い話ですが……」と。

そこから話は転じ、数年前、信楽窯業試験場で開発された新素材陶土が話題にのぼった。吸水性が0で空にかざすと透ける。その陶土で作られた煎茶器をみせていただいた。「信楽透土」と

土コレクションのサンプルを見せていただく｜写真：奥村元洋

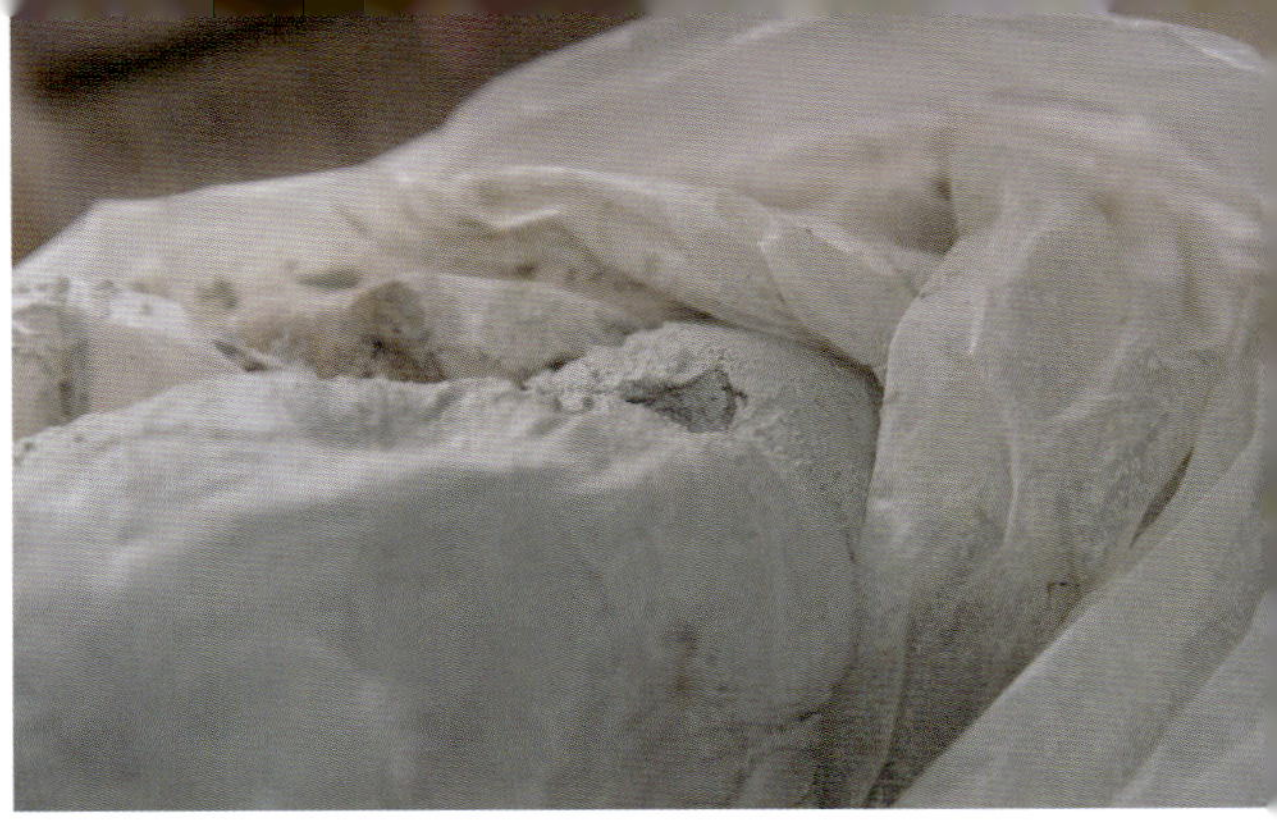

朝宮の土｜写真：奥村元洋

忠左氏（右）と左朗氏（左）

朝宮の土でつくった煎茶器揃（大西左朗 作）｜写真：奥村元洋

称する土でつくったこの器は、磁器の性質に限りなく近い陶器である。この土は制作段階において扱いが難しいようだが、煎茶の香りや味わいをしっかり伝えることができる。

「忠左Ⅱ型」を受け継ぐ左朗さんモデルと信楽透土の器で新茶の飲み比べをしてみると、確かにⅡ型後継タイプは器が何かの成分を吸収したのか、まろやかな味わいである。対して信楽透土でつくったこの器は、しっかり新茶の尖《とが》った感じが味や香りとして伝わってくる。

左朗さんがもう一つ、儲けを度外視して取り組んでいることを紹介してくださった。朝宮で茶農家を営む友人が茶樹の植え替えを行う際に、地面から粘土層が出てきたそうだ。わずかであるがその土を使用して茶器を作り、そこで採れた茶葉とその器で茶を飲む計画を立てているという。まさに地の素材と人のみでつくる身土不二《しんどふじ》を実現しようとしている。それは里の生業で生きる人々の、自然に対する「畏敬《いけい》の念」の表し方と感じた。

## 生業の元

信楽は絶えず素材（土）と向き合い研究を重ねられる場である。また隣り合う朝宮から新茶が運ばれすぐに茶をおいしく飲む工夫ができる環境である。それは産業や効率化を優先するというより、暮らしの中に生業があるからこそ新素材開発や新しい挑戦がなされるのであろう。いずれにしても生業の元となる土への眼差しは暮らしの糧であるし、目を背けることはできないのだ。

最後に忠左さんが仕事場にて呟《つぶや》いた一言がある。「わしの心残りは、隣の席（轆轤）で息子に仕事の段取りをしっかり見せながらやりたかったと思てますねん」と。私は返す言葉がなかったが、職住一体に生きる「生業の精神」がしっかりと受け継がれていると感じた。

p87
かたぎ古香園の茶葉で煎茶をいれる
左　御本手忠左Ⅱ型煎茶器 宝瓶（大西忠左 作）
前　御本手忠左Ⅱ型煎茶器 茶碗（大西忠左 作）
後　透光練込煎茶器 宝瓶（大西左朗 作）
右　透光練込煎茶器 茶碗（大西左朗 作）
写真：奥村元洋
撮影協力：神保真珠商店

# 執筆者紹介

## 石川 亮（いしかわ・りょう）

1971年、大阪府生まれ。美術家、アートディレクター。京都精華大学美術学部卒業。成安造形大学准教授。同大学附属近江学研究所研究員。国内の神仏にゆかりのある地の持つ性質やルーツを探り作品制作の糸口としている。近作に地域伝承や地名をもとに名付けられた湧水を収集した作品「全体―水」がある。宗教観と自然観を生活の中に取り込み、自然と対峙しながらも共存してきた日本人の感覚に注目している。

## 伊東史朗（いとう・しろう）

1945年生まれ。名古屋大学文学部卒業。日本仏教美術（彫刻）史専攻。京都府立総合資料館、京都国立博物館、文化庁美術学芸課主任文化財調査官を経て、現在、和歌山県立博物館館長、京都国立博物館名誉館員。著作に『平安時代彫刻史の研究』（名古屋大学出版会）、『千本釈迦堂大報恩寺の美術と歴史』（柳原出版）、『平安時代後期の彫刻』（至文堂）、『十世紀の彫刻』（至文堂）、『松尾大社の神影』（松尾大社）などがある。

## 今森光彦（いまもり・みつひこ）

1954年、滋賀県大津市生まれ。写真家。成安造形大学客員教授。同大学附属近江学研究所参与。里山をキーワードに、日本各地を取材。特に滋賀県の琵琶湖水系は、30年以上のライフワークとなっており、地域に根ざした活動を精力的に行う。また、東南アジアやアマゾンなどの熱帯雨林から、アフリカのサバンナ、砂漠まで世界の辺境地へ数多くのロケ、取材を重ねる。数多くの写真集、エッセイ集、写真絵本を出版している。2009年、土門拳賞受賞。

## 大岩剛一（おおいわ・ごういち）

1948年、東京都生まれ。建築家。早稲田大学大学院修士課程修了。1998年から2013年まで成安造形大学で教鞭。現在、同大学付属近江学研究所客員研究員。大岩剛一住環境研究所代表。スローデザイン研究会世話人。2000年より土、藁、ヨシ等の循環型素材を使ったストローベイルハウスの研究を始め、「善了寺」（神奈川）、「カフェスロー」（東京）、「Café ネンリン」（滋賀）、個人住宅等の設計を通して、オルタナティブな生き方を模索する人々のためのコミュニティの拠点づくりに努める。著書に『わらの家』、『草のちから藁の家』（共著）などがある。

## 小嵜善通（おざき・よしゆき）

1958年、大阪市生まれ。大阪大学大学院文学研究科前期課程修了。その後、京都市文化財保護課美術工芸担当技師となる。2001年、成安造形大学に移り、現在、同大学教授。同大学附属近江学研究所研究員。日本美術史を専門とし、特に近世絵画について研究を行う。狩野派、四条派などについての論文を発表。共著に『日本美術館』などがある。

## 加藤賢治（かとう・けんじ）

1967年、京都市生まれ。1991年、立命館大学産業社会学部卒業。高等学校地歴科・中学校社会科非常勤講師を経て、2004年、佛教大学大学院文学研究科仏教文化専攻修了。2011年、滋賀県立大学大学院人間文化学研究科博士後期課程単位取得退学。現在、成安造形大学准教授。同大学附属近江学研究所副所長として滋賀県をフィールドに宗教民俗の研究を続けている。

## 木村至宏（きむら・よしひろ）

1935年、滋賀県生まれ。大谷大学大学院文学研究科中退。日本文化史専攻。成安造形大学名誉教授。1990年、大津市歴史博物館初代館長。1996年から2008年まで成安造形大学教授。2000年から2009年まで成安造形大学第三代学長就任。2008年、同大学附属近江学研究所初代所長。現在、同研究所顧問。おもに滋賀県の歴史、文化を研究。特に独自の文化的視点から滋賀県をとらえなおす。著書に『図説 滋賀県の歴史』（河出書房新社）、『琵琶湖 その呼称の由来』（サンライズ出版）などがある。2013年、地域文化功労者文部科学大臣表彰。

## 寿福 滋（じゅふく・しげる）

1953年、神戸市生まれ。写真家。中学生の頃、埋蔵文化財に興味を持ち、その後文化財カメラマンをめざし、森昭氏に師事。関西を中心に美術・文化財、風景写真を専門に撮影。大塚遺跡（横浜市）、平等院庭園（宇治市）、雪野山古墳（東近江市）、市町村史等の撮影多数。滋賀の風土を記録するとともに、ライフワークとして杉原千畝の取材を続けている。著書に『杉原千畝と命のビザ』（サンライズ出版）、『京都・滋賀 かくれ里を行く』（滋賀の写真撮影、淡交社）、『近江の祈りと美』（サンライズ出版）などがある。2011年、滋賀県文化賞受賞。

## 須藤 護（すどう・まもる）

1945年、千葉県生まれ。民俗学者。武蔵野美術大学造形学部建築学科卒業。日本観光文化研究所（近畿日本ツーリスト）、大学共同利用機関放送教育開発センター教員、龍谷大学国際文化学部教授を経て、現在、龍谷大学名誉教授。同大学里山学研究センター研究フェロー。著書に『木の文化の形成 日本の山野利用と木器の文化』（未来社）、『雲南省ハニ族の生活誌』（ミネルヴァ書房）などがある。2010年、今和次郎賞受賞。

## 髙橋順之（たかはし・のりゆき）

1962年、滋賀県生まれ。奈良大学文学部史学科卒業。伊吹町教育委員会を経て、現在、米原市教育委員会歴史文化財保護課主幹兼伊吹山文化資料館学芸員。滋賀県立大学非常勤講師。専門は日本考古学。著作に『伊吹山を知るやさしい山とひと学の本』（監修・共著）、『伊吹山物語―神の山と歩む上野人―』（編集・共著）、「近江の上平寺城から小谷城へ」（『中世城館の考古学』高志書院）などがある。

## 永江弘之（ながえ・ひろゆき）

1960年、大阪府生まれ。画家。大阪教育大学教育学部卒業。中学校美術教諭を経て、現在、成安造形大学教授。同大学附属近江学研究所研究員。近江学研究所公開講座「淡海の夢」（写生会・公募展）企画責任者。近江の風景に魅せられ、色彩感あふれる写実風景画や幻視風景を制作。

## 西久松吉雄（にしひさまつ・よしお）

1952年、京都市生まれ。画家。京都市立芸術大学美術専攻科日本画専攻修了。成安造形大学名誉教授。2016年より同大学附属近江学研究所所長。創画会常務理事、京都日本画家協会理事。作品集『古の贈り物―西久松吉雄の世界』（サンライズ出版）。創画会賞、京都新聞日本画賞展大賞、山種美術館賞展優秀賞、京都美術文化賞など受賞多数。文化庁優秀美術品買い上げ。

## 西本梛枝（にしもと・なぎえ）

1945年、島根県生まれ。文筆家。神戸大学教育学部卒業。日本ペンクラブ、日本詩人クラブ、日本現代詩人会、観光ジャーナリスト会議会員。3年間小学校教師を勤めた後、民放テレビで「東海自然歩道」の紹介番組を担当したのを切っ掛けに旅行ガイドブックや紀行書を執筆。一方でテレビ、ラジオで旅を語ってきた。滋賀県では文学作品を素材としての旅を書いたり語ったり。著書は旅行ガイドブックや紀行エッセイ、詩集等々。滋賀県関係の著書は『鳰の浮巣』、『湖の風回廊』などがある。

## 真下武久（ましも・たけひさ）

1979年、東京都生まれ。メディアアーティスト。成安造形大学造形学部デザイン科卒業。岐阜県立情報科学芸術大学院大学修士課程修了。現在、成安造形大学准教授。同大学附属近江学研究所研究員。メディアアートの分野を中心に作品の制作・研究を行う。2004年、Prix Ars Electronica【the next idea】部門を受賞。アルス・エレクトロニカ・フェスティバル（2004年）、光州ビエンナーレ（2006年）、深圳水墨ビエンナーレ（2008年）、サンダンス国際映画祭（2011年）など、国際展で作品を発表。

## 吉村俊昭（よしむら・としあき）

1950年、奈良県生まれ。文化財修復士。1972年、京都市立芸術大学日本画科卒業。大阪市立の高等学校教員在職中に学校教育、美術教育に取り組む傍ら、大絵馬の研究と復元、模写に携わる。大阪市立工芸高等学校校長、デザイン教育研究所所長を経て2010年から成安造形大学教授。同大学附属近江学研究所研究員。瀬戸内市牛窓神社絵馬、大津市日吉大社長沢芦雪猿図絵馬の復元監修にあたった。模写および復元作品に「福岡県福岡市櫛田宮等博多山笠図」、「埼玉県川越市氷川祭礼図」などがある。

（50音順）

## 近江学研究所の理念

成安造形大学が位置する滋賀県（近江）は、中央に琵琶湖、それを囲む美しい山々という恵まれた自然環境を有するフィールドです。地形的にも東日本と西日本を結ぶ要衝にあたり、古代から主要な街道が交わる地として栄え、また、琵琶湖は日本海と太平洋を結ぶ大動脈として重要な役割を果たしてきました。そのため滋賀県には指定文化財はもちろん、芸術・歴史・思想・民俗・自然・環境の各分野において、かけがえのない豊かな文化資源が今に残されています。

1993年（平成5年）、滋賀県に開学した成安造形大学は、県内唯一の芸術大学として今日までアーティストの育成と芸術文化を発信する役割を担ってきました。「芸術による社会への貢献」を教育の理念とする本学では、これまで積み重ねてきた芸術を柱とした教育・研究活動をもとに、新たな展開を目指しています。

20世紀に日本が手にした「物質的な豊かさ」は、高度経済成長と共に切り捨てられてきた「素材や道具、生活思想、自然観等」の上に築かれてきたともいえます。今ここで、失われた多くの事象を再検証し、それらの内にひそむ美しさ、かけがえのなさ、心の豊かさを再生し、未来に託さなければなりません。

本学が主唱する近江学は近江という地域が持つ固有の風土を改めて深く検証する学問です。芸術においては、個を深く掘り下げることによって、幅広く多くの人たちが共感する普遍的な美、新しい価値観を生み出してきました。同様に「地域の持つ固有性」を深く掘り下げることにより、21世紀の社会に活かせる普遍的な価値観を見い出せるのではないでしょうか。近江固有の文化・風土が内包する「豊かさ」を深く掘り下げる意義を感じています。

成安造形大学附属近江学研究所は、芸術の持つ創造精神と結びつけ、新たな可能性を探求します。

## 近江学研究所の沿革

2007年（平成19年）
近江学研究所運営委員会発足

2008年（平成20年）
4月 附属近江学研究所 設置
10月 会員制研究会「近江学フォーラム」発足・Webサイト公開

2009年（平成21年）
1月 研究紀要『近江学』創刊号 以降毎年発行
5月 「近江学」商標登録

2010年（平成22年）
4月 近江学研究活動「里山 水と暮らし」
3カ年計画プロジェクト開始

2011年（平成23年）
10月 「仰木 水と記憶のコスモロジー」展

2012年（平成24年）
1月 文化誌『近江学』（改名・リニューアル）
第4号 特集「石のある風景」以降毎年発行
3月 『成安造形大学附属近江学研究所 紀要』第1号
以降毎年発行

2013年（平成25年）
6月 滋賀Web大賞2012 最優秀賞（教育団体部門）受賞
4月 近江学研究活動「近江の絵馬現況調査」
3カ年計画プロジェクト開始

2014年（平成26年）
10月 「仰木ふるさとカルタ原画展―在りし日の里山のくらし」
11月 第27回「大津市文化奨励賞」受賞

2015年（平成27年）
4月 「近江の山・道・湖」研究プロジェクト開始
4月 公開講座100回記念特別講演
五木寛之氏「双面の人 蓮如」

2016年（平成28年）
5月 日吉大社蔵「長沢芦雪筆 猿図絵馬復元模写」完成奉納
5月 特別公開講座 千日回峰行大行満大阿闍梨 上原行照師
「千日回峰行―山に溶け込むことから見えるもの」

2017年（平成29年）
4月 設立10周年
4月 設立10周年記念特別公開講座 水本邦彦氏
「村の暮らしと道の社会史―私が見た近江学」

2018年（平成30）
4月 「近江の里・川・祭」研究プロジェクト開始

2019年（平成31）
1月 文化誌『近江学』（リニューアル）
第11号 特集「里のいとなみ」

## 近江学研究所の取り組み

研究所の役割である、研究・教育・地域貢献の三つの柱を、具体的に実践し推進していきます。

◎調査、研究
◎研究成果のデータベース構築
◎公開講座の開講
◎地域とつながる学内基礎教育プログラムの充実
◎生涯学習システムの構築
◎共同研究による地域貢献
◎研究紀要の発行
◎文化誌『近江学』の発行
◎近江学研究所Webサイトの運営
◎県内文化施設とのネットワークの構築
◎会員制研究会「近江学フォーラム」の運営

## 近江学研究所 役職・研究員

顧問 木村至宏［成安造形大学名誉教授］
所長 西久松吉雄［成安造形大学名誉教授］
副所長 加藤賢治［芸術学部准教授］
参与 石丸正運［美術史家・財団法人林美術財団名都美術館館長］
今森光彦［写真家・成安造形大学客員教授］
上原恵美［京都橘大学名誉教授］
大道良夫［滋賀県経済団体連合会会長・大津商工会議所会頭］
岸野洋［元公益財団法人滋賀県文化振興事業団理事長］
武覚超［叡山学院教授］
客員研究員 大岩剛一［建築家］
髙梨純次［公益財団法人秀明文化財団参事］
福家俊彦［天台寺門宗総本山園城寺（三井寺）執事長］
山本晃子［高島市教育委員会文化財課参事］
和田光生［大津市歴史博物館副館長］
研究員 小嵜善通［芸術学部教授］
永江弘之［芸術学部教授］
吉村俊昭［芸術学部教授］
真下武久［芸術学部准教授］
石川亮［芸術学部准教授］
大原歩［芸術学部助教］

## 近江学研究所の受賞歴

平成24年 滋賀Web大賞2012 教育団体部門 最優秀賞
平成26年 第27回大津市文化奨励賞

# 文化誌 近江学｜11｜2019
# 関連地図

本号に掲載されました
エッセイ等に登場する地域を、
滋賀県地図に記しました。
ご参照ください。

判例：
名称（掲載頁）

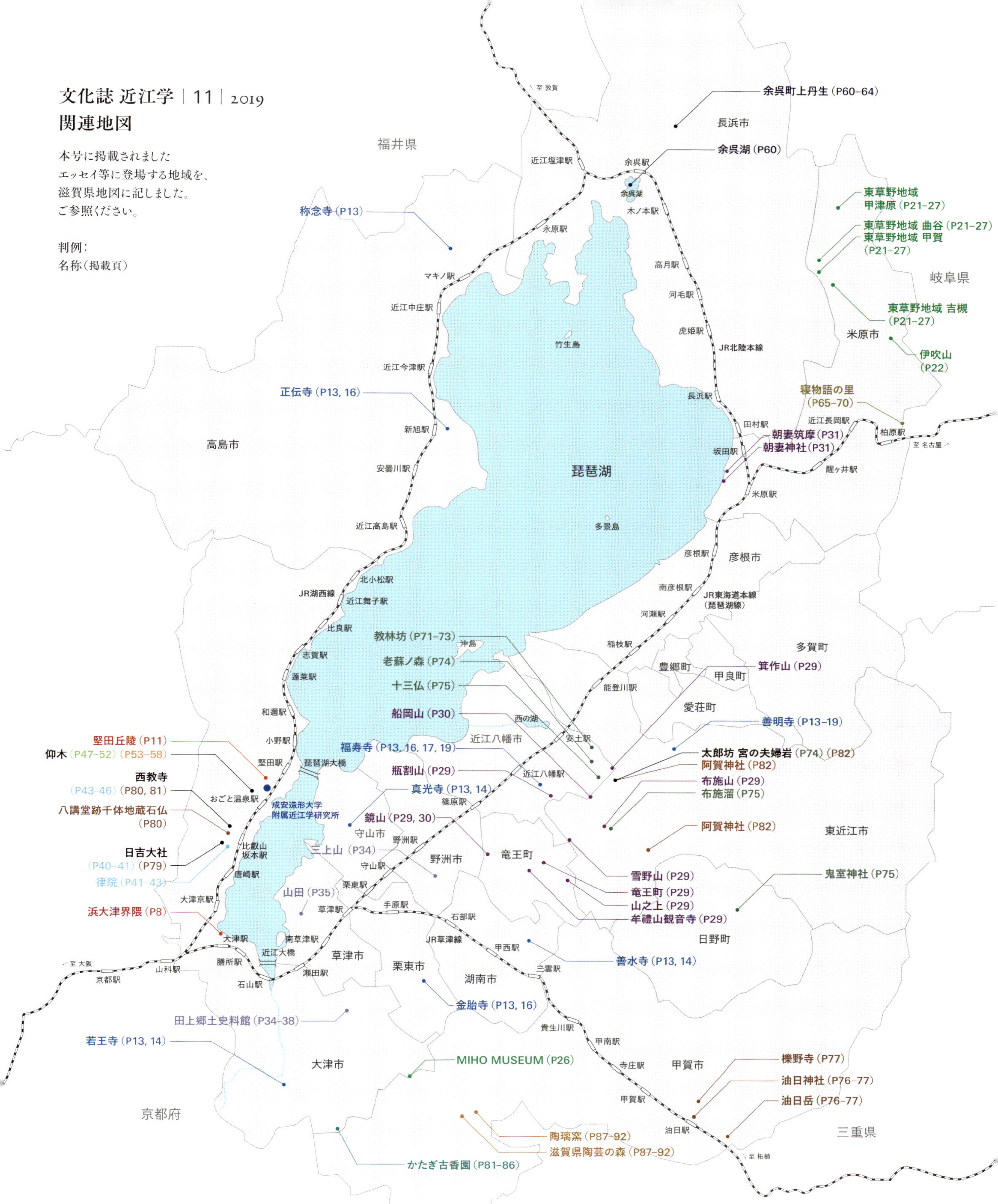

## 文化誌『近江学』
## バックナンバーのご案内

**創刊号**
「命ある風景」今森光彦／「近江学概論—湖と道と山」木村至宏／「湖北の観音像—平安前期の作例を中心に」髙梨純次／「里山—循環する魂のフィールドワーク」大岩剛一×蔭山歩　ほか

**第2号**
「近江の山の文化史」木村至宏／「比叡山三塔諸堂の成立と発展」武覚超／「信楽焼の概説」大槻倫子／「酒蔵—命の酒のふるさと」上原忠雄、美重子、績×大岩剛一　ほか

**第3号**
「近江商人の精神を考える」宇佐美英機／「琵琶湖の食」堀越昌子／「近江の城物語—最新の調査成果より—」中井均／「ヨシ原—命を育む水辺」竹田勝博×大岩剛一　ほか

**第4号｜テーマ：石**
「近江の石積み」中井均／「近江と渡来人—古代近江の国際的環境」井上満郎／「近江の近代建築ヴォーリズ」人長信昭／「穴太衆積—命が宿る石の声」粟田純司×大岩剛一　ほか

**第5号｜テーマ：木**
「神を、村を護る木たち—社叢と勧請縄—」中島誠一／「木地師の里「小椋谷」を訪ねて」加藤賢治／「朽木盆—菊紋の由来をたずねて」磯野英生／「木造船と舟屋—琵琶湖と森をつなぐ手づくりの技」松井三男・光照×大岩剛一　ほか

**第6号｜テーマ：火**
「比叡山の「不滅の法灯」」武覚超／「近江の火祭—「火の風流」を楽しむ」米田実／「村における信仰の灯—神主の献灯、講の常夜灯」大塚活美／「火と食」岩田康子／「櫨の和ろうそく—命が宿る炎」大西明弘×大岩剛一　ほか

**第7号｜テーマ：金**
「黄金のかけ橋」山折哲雄／「湖北の鍛冶—草野鍛冶」森岡榮一／「銅鐸埋納とその後」徳網克己／「曳山に輝く金具」和田光生／「鉄路の記憶—思い出の江若鉄道」木津勝／「野鍛冶—大地に命を吹き込む鉄」西川征一×大岩剛一　ほか

**第8号｜テーマ：山**
「近江の山」木村至宏／「滋賀と私」鷲田清一／「近江の「山」の城」中井均／「神座す山「綿向山」」岡井健司／「近江の山 比良連山」山本武人／「ホウダンの山—命めぐる山の恵み」榎本邦雄×大岩剛一　ほか

**第9号｜テーマ：道**
「織田信長の天下布武と近江の道」小和田哲男／「草津宿—東海道と中山道の結節点」八杉淳／「摺針峠と画家小倉遊亀」石丸正運／「中山道の醒井宿と柏原宿」江竜喜之／「石出し車が行くみち—神々と暮らしが交差する風景—」石塚定二郎×大岩剛一　ほか

**第10号｜テーマ：湖**
「湖の国 近江」木村至宏／「琵琶湖と人とのかかわり」仁連孝昭／「琵琶湖の湖底遺跡」林博通／「「湖島」沖島」鳥野茂治／「琵琶湖とフナと「ふなずし」と」橋本道範／「琵琶湖の魚を食べる文化」大沼芳幸／「琵琶湖を舞台にした名曲「琵琶湖周航の歌」と「琵琶湖哀歌」」山本晃子　ほか

---

**近江学フォーラム会員のご案内**

成安造形大学附属近江学研究所では、会員制の「近江学フォーラム会員」を毎年募集しています。
詳しくは近江学研究所Webサイト
http://omigaku.org/
または本研究所までお問い合わせください。
※会員特典として本誌文化誌『近江学』最新号を贈呈いたします。

---

**編集後記**

本誌第11号の編集を始めて感じましたことは、創刊号から10年、年を重ねたのだ、ということでした。と同時に、創刊当初の思いに沿って前進できているのであろうか、という戸惑いも自然と湧いてまいりました。ここは初心に戻り、今後まずは、更なる10年を目指して近江学研究を前進させてまいりたいと思います。

　というような思いもございまして、この度、「里」特集の11号を送り出すに際しまして、本誌の装丁、紙質等を少しばかり変更いたしました。継続性を大切に考えつつ、表紙等のデザインをすっきりとさせました。内容ともども、ご愛読の皆様にお気に召していただければ幸いです。

（近江学研究所研究員 小嵜善通）


文化誌『近江学』
第11号
2019年1月10日 発行

| | |
|---|---|
| 発行 | 成安造形大学附属近江学研究所<br>〒520-0248<br>滋賀県大津市仰木の里東4-3-1 |
| 発行人 | 西久松吉雄 |
| 編集長 | 小嵜善通 |
| デザイン | 塩谷啓悟 |
| 編集 | 玉置慎輔 |
| 校正 | 岸田幸治（サンライズ出版株式会社） |
| カバー写真 | 寿福 滋 |
| 印刷 | 宮川印刷株式会社 |
| 発売元 | サンライズ出版株式会社<br>〒522-0004<br>滋賀県彦根市鳥居本町655-1<br>TEL. 0749-22-0627 |



©2019 成安造形大学附属近江学研究所


ISBN978-4-88325-651-8 C1402